NEWMAN CATHOLIQUE

PAUL THUREAU-DANGIN

DE L'ACADÉMIE FRANÇAISE

NEWMAN CATHOLIQUE

D'APRÈS DES

DOCUMENTS NOUVEAUX

PARIS

LIBRAIRIE PLON

PLON-NOURRIT et Cie, IMPRIMEURS-ÉDITEURS

8, RUE GARANCIÈRE — 6e

—

1912

PARIS. TYP. PLON-NOURRIT ET Cie, 8, RUE GARANCIÈRE. — 17072.

AVANT-PROPOS

Il y a plusieurs années, au cours de mes études sur la *Renaissance catholique en Angleterre au dix-neuvième siècle* (1), j'écrivais : « Sur le point de chercher à préciser le rôle de Newman dans les questions qui divisaient les catholiques, je ne puis pas ne pas regretter que la correspondance de Newman catholique n'ait pas été publiée comme celle de Newman anglican. La vie intérieure de Newman nous est beaucoup mieux connue avant qu'après sa conversion. C'est

(1) Seconde partie, p. 324.

une anomalie que les catholiques ont
intérêt à voir disparaître. Une plus
grande lumière ne pourra que faire briller davantage cette belle figure. Les
papiers de Newman sont, paraît-il, aux
mains d'un religieux de l'Oratoire, dont
l'amitié pieusement fidèle, mais trop
timide, redoute qu'il ne soit fait un
usage maladroit et indiscret du trésor
confié à sa garde. Peut-être ce que
M. Purcell a fait des papiers de Manning a-t-il contribué à augmenter cette
crainte. De telles considérations doivent
rendre très prudent dans le choix de
l'éditeur et du biographe ; elles ne sauraient justifier l'abstention complète. »

Peu après, en 1906, j'apprenais que
le sceau apposé sur les précieux papiers
allait enfin être brisé et qu'un ensemble
considérable de notes intimes et de

lettres, mises en ordre par Newman
lui-même ou par son exécuteur testa-
mentaire, était livré à M. Wilfrid Ward,
avec mission d'écrire la vie de Newman.
On ne pouvait faire un meilleur choix.
Catholique éprouvé, justement estimé
pour ses écrits philosophiques ainsi que
pour ses travaux biographiques sur son
père et sur le cardinal Wiseman,
M. Wilfrid Ward est le fils de ce terrible et sympathique William George
Ward, nature droite mais outrancière,
qui avait été, à Oxford, le disciple le
plus fougueux de Newman, au point
qu'il s'en allait criant dans les *common
rooms* des collèges : « Mon *credo* est
extrêmement simple : *credo in Newma-
num* », et qui ensuite, devenu catholique, s'était fait un devoir de dénoncer
son ancien maître comme une sorte

d'hérétique, et s'était cru tenu d'avoir
pour lui « la plus grande aversion », ce
qui ne l'empêchait pas de lui garder, au
fond de l'âme, une affection très sincère.
Son fils, esprit plus mesuré et plus sage,
a hérité de l'affection de son père pour
Newman, sans partager ses préventions.
Il a raconté comment, en 1885, peu
après la mort de son père, et cinq ans
avant celle de Newman, chargé par les
évêques de faire, à des jeunes hommes
destinés à la prêtrise, des conférences
sur « l'incroyance moderne », il était
allé demander des conseils au vieil et
illustre cardinal. Celui-ci avait très
aimablement accueilli le fils de l'homme
qui avait été son ami et son adversaire.
Après lui avoir donné les conseils dési-
rés, il s'était plu à le faire parler sur son
père, un peu surpris et réellement tou-

ché de ce qui lui était révélé de l'affection persistante de son ancien disciple.
« Ce m'a été un réel plaisir, dit-il en
congédiant son visiteur, d'avoir eu avec
vous cette conversation sur votre père ;
j'espère que vous ne m'oublierez pas et
que vous prierez pour moi. » Et, peu
après, en réponse à une lettre de remer-
ciements, il lui écrivait : « Je suis très
heureux que vous preniez en si bonne
part la réelle affection que j'ai pour
vous et qui m'est venue tout naturellement de celle que j'avais pour votre
père (1). » On conçoit dès lors dans
quels sentiments M. Wilfrid Ward a dû
accepter la tâche qui lui était confiée par
les dépositaires des papiers du cardinal.

Annoncé à plusieurs reprises, l'ou-

---

(1) *Life of Newman*, t. II, p. 489 à 497.

vrage se fit un peu attendre, et l'on parlait de difficultés qui en ajourneraient la publication, quand, au début du mois de février, il parut à Londres sous la forme de deux gros volumes, de plus de six cents pages chacun (1). Le public anglais, toujours attentif à ce qui lui parle de Newman, y fit grand accueil et les journaux de toutes nuances et de toutes confessions s'accordèrent à louer la maîtrise, le tact et la haute probité du biographe. J'ai cru qu'en France aussi, Newman éveillait assez d'intérêt pour qu'on y fût désireux de savoir ce que ce livre nous apporte de nouveau, sinon sur les événements de sa vie, du moins sur les sentiments que

(1) *The Life of John Henry Newman*, par Wilfrid WARD, 2 vol. chez Longmans, Green and Cᵒ. — Tous les renvois mis en note, dans les pages qui vont suivre, sans indication d'auteur, se rapportent à cet ouvrage.

ces événements ont suscités dans son âme. A regarder, en effet, les grandes lignes, je ne trouve rien dans cette biographie qui ne confirme le rôle de Newman, tel qu'il m'était apparu par ses écrits publics et par les renseignements recueillis dans les souvenirs ou les biographies des personnages voisins. Ce qu'il y a de nouveau, c'est que, grâce à cette publication, nous pouvons considérer Newman, non plus seulement du dehors, mais, pour ainsi parler, du dedans. Or, à l'idée de pénétrer au dedans de Newman, qui ne ressent une curiosité respectueuse et émue?

NEWMAN CATHOLIQUE

D'APRÈS

DES DOCUMENTS NOUVEAUX

I

D'OU VENAIT LA MÉSENTENTE ENTRE NEWMAN ET L'AUTORITÉ RELIGIEUSE

M. Wilfrid Ward passe très rapidement sur la période anglicane. Newman lui-même a désiré que, sur ce point, on s'en tînt à l'*Apologia* et aux deux volumes de lettres publiés par miss Mozley. C'est sur la période catholique que nous attendions de précieuses révélations. Pour l'Église à laquelle il faisait sa soumission

1

en octobre 1845, le converti de Littlemore était une recrue d'une valeur sans
pareille. « Après tout ce qu'a fait Newman protestant, disait l'un des esprits
les plus avisés du clergé anglican, le
doyen Stanley, on ne saurait dire ce
que, s'il vit, peut faire un Newman catholique. » Ses nouveaux coreligionnaires allaient-ils le comprendre? Meur-
tri de tant d'amitiés et de liens brisés,
mais heureux d'avoir trouvé la paix et la
lumière, l'illustre néophyte se sentait
plein de confiance dans l'accroissement
de force que lui vaudrait l'appui d'une
Église infaillible; il offrait généreusement tout son concours, avec une humilité qui faisait dire au cardinal Wiseman :
« L'Église n'a jamais reçu un converti qui
se fût joint à elle avec plus de docilité et
de simplicité de foi. » Tout alla bien
pendant les cinq ou six premières années.

Ce n'étaient sans doute que les débuts d'un nouveau venu, mais la fondation de l'Oratoire, les conférences faites avec éclat sur les question pendantes entre les catholiques et les anglicans, les sermons prononcés en diverses occasions, faisaient présager que ceux à qui était venue une si grande force sauraient en tirer parti. Sur cette époque, qu'on a pu appeler la lune de miel de la vie catholique de Newman, rien de particulier à noter dans le livre de M. Wilfrid Ward.

Mais, vers 1851, les choses changent. Alors commencent les difficultés qui vont faire de cette vie une sorte de drame. Loin qu'on paraisse apprécier le concours apporté par Newman, celui-ci se voit, dans ce qu'il entreprend sur la demande même des autorités religieuses, mal soutenu, abandonné, parfois contrecarré. Bientôt il n'est plus guère qu'un suspect qu'on s'applique à maintenir dans l'isolement et l'inaction ; et cette disgrâce se prolongera pendant plus de trente ans, soulignée plus encore par l'élévation d'un autre illustre converti, Manning.

C'est sur ce temps d'épreuves que les deux volumes de M. Wilfrid Ward sont riches en documents d'un inappréciable intérêt. On y saisit sur le vif, dans leur manifestation la plus vraie et la plus spontanée, les pensées de Newman et aussi ses souffrances. D'une impressionnabilité extrême, comme le sont souvent les natures d'artiste, il déclarait à un ami que rien ne pouvait être dit sur lui, soit en éloges, soit en blâme, « qui n'écorchât sa peau *morbidly sensitive* » ; et cela surtout, quand il s'agissait de ce qui lui tenait le plus au cœur, de ce à quoi il avait tout sacrifié, je veux dire de sa foi, de sa mission religieuse, de son renom de fidèle et intègre catholique. Non seulement il était plus apte que personne à souffrir, mais il ne pouvait s'empêcher de le laisser voir. Non qu'il y ait lieu, pour cela, de douter de sa fermeté et de son courage. Comme le dit son biographe, « il avait la force de mettre sa main dans le feu et de l'y laisser, mais il n'avait pas la force de ne jamais crier sa douleur ». Ainsi s'expliquent les plaintes, parfois amères, que lui arrachent, dans ses lettres intimes ou dans les notes qu'il écrit pour soi, les mauvais procédés dont il se croit l'objet de la part de certains de ses coreligionnaires ou de ses supérieurs ecclésiastiques.

M. Wilfrid Ward n'a pas cru devoir taire ces plaintes ; il les a reproduites, telles qu'elles ont fait explosion aux heures douloureuses. Sa probité d'histo-

rien n'eût pu se contenter de tracer ce
qu'il appelle un « portrait de cour ».
Newman lui paraissait un de ces hommes
de premier rang dont il importe de tout
connaître, même ce qui pourrait sembler
une faiblesse, et qui sont de taille à ne
pas en être rapetissés. Le public, d'ailleurs, pressentait quelque chose de cet
état d'âme de Newman, il savait que ses
papiers devaient en garder trace, et si
on eût essayé de le lui cacher, il eût
imaginé des choses plus graves. Faut-il
ajouter qu'il n'est peut-être pas inutile
de pouvoir ainsi mesurer, par ce qu'en a
pu souffrir l'âme d'un Newman, ce qu'a
de détestable et de malfaisant cet esprit
de division et de suspicion dont les
catholiques les plus ardents ne savent
pas toujours se préserver. Mais si le biographe s'est fait une loi de ne nous rien
celer, il ne met pas, comme M. Purcell

dans sa *Vie de Manning,* une sorte de complaisance malicieuse à appuyer sur ce qui pourrait diminuer son personnage. Il a soin, au contraire, de limiter à leur portée réelle ces cris d'une âme souffrante; il montre que, s'ils sont l'expression vraie de la pensée d'un moment, ils ne sont pas tout; il met en lumière ce qui, au même moment, témoignait des hautes vertus de ce grand chrétien, de sa foi inébranlablement confiante, de sa vie intérieure si profondément unie à Dieu, si occupée à réaliser l'invisible, de sa loyale soumission aux évêques ou au Saint-Siège, même quand il les croyait mal conseillés : car, ne l'oublions pas, s'il fut souvent un plaignant, il ne fut jamais un révolté, et, quand il se plaignait, il était mû surtout par son amour de l'Église et par son désir de la servir.

Pour bien comprendre l'origine des désaccords ou, pour mieux dire, des malentendus qui se sont élevés entre Newman et certaines autorités religieuses, il convient de préciser avec quelle idée, avec quelle préoccupation principale le grand converti arrivait au catholicisme, quelle œuvre il avait l'ambition d'y accomplir. Toujours il fut convaincu que le mouvement intellectuel et scientifique de son temps, désormais émancipé de la religion, tendait à la négation de toute vérité surnaturelle, y compris même l'existence de Dieu. « Depuis cinquante ans, écrira-t-il en 1877, j'ai toujours pensé que nous arrivions à une époque où l'infidélité se répandrait partout, et, en fait, pendant ces années, les eaux se sont élevées comme un déluge. J'entrevois, pour après ma mort, un moment où seuls les sommets des montagnes apparaîtront comme des îles dans le désert des eaux. » Il ajoutait : « Je parle surtout du monde protestant (1). » Combattre ce flot, le faire reculer, diminuer le nombre des « infidèles », c'est, à ses yeux, l'œuvre capitale, bien plus encore que d'attirer plus ou moins d'anglicans au catholicisme. Lui qui a contribué plus que tout autre, non seulement pendant sa vie, mais même depuis sa mort, à déterminer les conversions d'anglicans, s'impatiente de voir certains catholiques ne juger de l'efficacité d'un apostolat que par le nombre de ces conversions. A ses yeux, le mal à guérir est plus avant et plus radical; la lutte n'est pas seulement entre deux confessions, elle est entre la religion et la négation de toute religion.

(1) T. II, p. 416.

Deux classes d'esprits éveillent surtout sa sollicitude : d'une part, les
hommes de haute culture que les difficultés auxquelles s'est heurtée leur raison ont poussés vers l'agnosticisme ;
d'autre part, ceux qui, demeurés encore
dans l'Église, mais mêlés aux courants
de la pensée moderne, se sentent in-
quiétés dans leur foi. Ramener les uns,
rassurer les autres, voilà la tâche à accomplir. Pour cela, il faut tout d'abord
connaître, comprendre, apprécier les difficultés avec lesquelles ces esprits sont aux
prises : c'est ce que ne comprennent pas
les timides qui se font scrupule, comme
d'une tentation, de considérer ces difficultés, ou les présomptueux qui croient
en avoir raison en s'en moquant comme
d'inepties. Tel n'est pas Newman. Habitué, avant de conclure, à considérer tous
les aspects d'une idée, à en démêler la

complexité, il a, par cela même, un sentiment très vif des objections qui peuvent arrêter les autres intelligences. Il se représente au vrai l'état d'esprit du croyant troublé et du sceptique, les arguments qui leur font impression, et la fermeté de sa foi personnelle ne l'empêche pas de sentir ce que ces arguments ont de plausible. De là, sans doute, le paradoxe de Huxley qui se flattait d'extraire des écrits de Newman un manuel de scepticisme. Newman n'a rien des sceptiques, mais l'intelligence pénétrante et sympathique qu'il a de leurs difficultés les lui fait considérer avec une infinie compassion, lui inspire l'ardent désir de leur venir en aide et lui donne conscience que, plus que tout autre, il est en mesure de le faire.

Si Newman se rend compte de la plausibilité des objections, il est convaincu

que seul le catholicisme est en mesure
d'y répondre. « Qui peut supporter le
choc dont est menacée la religion en
général, écrit-il à un ami, si ce n'est
l'Église catholique (1)? » C'est afin de
poursuivre l'œuvre de défense en s'ap-
puyant sur une Église forte de sa tradi-
tion et de son infaillibilité, qu'il a quitté
celle où s'était écoulée la première moitié de sa vie. Seulement, une condition
s'impose : c'est de prendre, pour faire
face à un danger qui se présente sous des
formes nouvelles, des armes qui y soient
appropriées. Il ne saurait suffire de répéter de mémoire les arguments de la
vieille apologétique qui ne mordent plus
sur l'adversaire. W. G. Ward lui-même,
si peu novateur qu'il fût, écrivait ; « Que
de nouvelles difficultés s'ouvrent à cha-

(1) T. II, p. 570.

que pas! Je suppose que l'Église aura à développer un *corpus* de théologie supplémentaire relatif à ces questions (1). » Newman demande donc que les théologiens se mettent au courant des idées ayant cours parmi les savants modernes, se rendent compte de leur valeur et de leur portée. A ce prix seulement, ils auront chance de se faire écouter et comprendre par ceux qu'il s'agit de ramener ou de rassurer. Newman reconnaît sans doute qu'une telle tâche ne doit pas être proposée aux premiers venus, et il répète volontiers qu'il ne convient pas de mettre en présence de ces difficultés ceux qui pourraient en être troublés; nul ne se fait davantage scrupule de scandaliser les frères plus faibles. Il entend que ce travail incombe à une

(1) T. Ier, p. 473.

élite de chercheurs, à des théologiens
qui s'efforceraient d'être eux-mêmes des
hommes de science dans chacune des
spécialités.

Pour ces travailleurs, il réclame une
certaine liberté, indispensable aux recherches de ce genre; il demande qu'on
ne s'effarouche pas de leurs tentatives,
dussent-elles paraître au premier abord
un peu aventureuses. « Dans la vraie
guerre, écrit-il, les armes sont mises
à l'épreuve, avant qu'on en prescrive
l'usage, et ne sont pas appelés traîtres
ceux qui font cette épreuve (1). » Et
ailleurs : « Ne rendent-ils pas un bien
mauvais service au Saint-Siège, ceux qui
ne laissent pas un homme plein de zèle
le défendre à sa propre manière, mais
insistent pour qu'il le fasse suivant leur

_____

(1) T. II, p. 475.

manière, et même sous peine d'être considéré comme hétérodoxe ou mal intentionné s'il ne suit pas leur ornière (1) ? »

A ce propos, il se plaît à évoquer le souvenir des docteurs et des théologiens des premiers siècles et du moyen âge (2). Ce sont, fait-il remarquer, des individus, parfois simples prêtres, et non les Papes ou les autres autorités religieuses, qui ont donné l'impulsion aux recherches théologiques, développé la doctrine catholique et préparé ainsi les définitions des conciles. « On reproche au Saint-Siège, dit-il, de n'avoir rien inventé et de n'avoir servi que de point d'arrêt ou de frein.

C'est là une objection que j'accepte

(1) T. II, p. 208.
(2) Ce sujet lui tenait tant au cœur qu'il y est revenu à plusieurs reprises dans ses lettres (t. I, p. 250-251, 560; t. II, p. 49-50, 374) et qu'il l'a traité dans la dernière partie de l'*Apologia*.

comme une vérité ; car tel est, suivant
moi, l'objet principal du pouvoir extraordinaire qui lui est donné. » Il rappelle
comment les choses se passaient : un
docteur hasardait une proposition, sus-
citait une controverse ; Rome laissait
aller les choses. La proposition était
portée alors devant une université, exa-
minée, peut-être condamnée par une
faculté de théologie, déférée à un évêque,
à un métropolitain ; Rome se taisait toujours. Elle n'intervenait qu'après que le
problème avait été retourné dans tous les
sens, et quelquefois elle le faisait en
termes assez généraux pour laisser encore
place aux discussions. Newman se félicite
de la liberté qu'un tel système laissait aux
initiatives des théologiens. « Un homme,
dit-il, a des idées, il espère qu'elles sont
vraies, il croit qu'elles seront utiles, il
désire qu'elles soient discutées, mais il

est prêt à les abandonner si elles sont
jugées erronées ou dangereuses. Il n'ose-
rait pas risquer cette controverse, s'il
savait qu'une autorité suprême, souve-
raine, veille sur chacune de ses paroles
et fait un signe de blâme ou d'assentiment à chaque phrase qu'il prononce.
S'il en était ainsi, en effet, il combattrait,
comme les Perses, sous le fouet; et on
pourrait dire de lui, avec vérité, que la
liberté de son intelligence est morte sous
les coups. » Et il ajoute ailleurs : « Pourquoi les écoles du moyen âge furent-elles
si vigoureuses? Parce qu'on leur laissait
libre jeu; parce que les controversistes
ne sentaient pas le mors dans la bouche,
à chaque mot qu'ils disaient. C'était seulement à la longue, si la dispute devenait
dangereuse et si l'un des controversistes
se montrait obstiné, que Rome intervenait. »

Ce régime, qui avait eu son apogée
au treizième siècle, Newman nous le
montre s'altérant au moment de la Ré-
forme, lorsque toute la polémique se
trouva dirigée contre le protestantisme,
et disparaissant quand le bouleversement,
issu de la Révolution française, détruisit
partout, en Europe, ce qui restait des
écoles théologiques, ne laissant plus aucun intermédiaire entre le penseur isolé
et l'autorité suprême et centralisée. Il
regrette cette disparition. Aussi avec
quelle impatience entend-il des hommes
qui prétendaient être les seuls interprètes
de l'orthodoxie, proclamer, comme
W. G. Ward, le bienfait de « la captivité
intellectuelle », souhaiter qu'une sorte
de dictature ecclésiastique s'exerce, à
chaque moment, pour résoudre, aussitôt
soulevées, toutes les questions où se
débat la pensée moderne, réduisant le

rôle du croyant à attendre et à enregis-
trer docilement ces décisions toujours
souveraines et infaillibles! J'ai déjà eu
ailleurs l'occasion de citer la réponse de
ce même Ward à un ami qui lui disait :
« Mais enfin, il y a une limite; vous ne
voudriez pas de nouvelles décisions tous
les mois? » — « J'aimerais, s'écriait-il,
recevoir, chaque matin, à mon déjeuner,
avec mon *Times,* une nouvelle bulle
papale (1). »

Newman est convaincu qu'avec un peu
de la liberté laissée jadis aux théologiens
du moyen âge, on parviendrait à trouver
les armes efficaces pour ramener les « infidèles » et retenir les ébranlés. Ce ne serait pas sans tâtonnement. Lui-même, si
ferme qu'il soit dans sa foi personnelle,
ne prétend pas apporter, aux difficultés

(1) *W. G. Ward and the Catholic revival,* par
Wilfrid WARD, p. 14.

soulevées, des solutions qui puissent satisfaire tous les esprits, et quand, après de
longues années de méditations, il tâchera
d'établir comment se forme l'acte de foi,
il donnera à son livre ce titre singulier :
Essay in aid of a Grammar of Assent,
marquant par là qu'il n'entend pas for-
muler un système devant être enseigné
d'autorité à toutes les intelligences, et
qu'il offre seulement, à ceux à qui cela
peut être utile, le moyen par lequel il
a satisfait sa raison, sans subordonner
d'ailleurs sa propre foi à la valeur du
système par lequel il a essayé de l'ana-
lyser.

En tout cas, si Newman cherche une
méthode nouvelle d'apologie qui ait action sur la pensée moderne, s'il conseille
de ne pas confondre, avec les vérités de
foi, des opinions secondaires que les
découvertes de l'histoire ou de la science

ne permettent plus de soutenir, il n'abandonne rien de la dogmatique traditionnelle. Ses efforts ne tendent qu'à la défendre plus efficacement. Le présenter,
ainsi que le faisaient quelques-uns de ses
contradicteurs, comme un *minimiser*,
c'était le méconnaître. Dès l'origine du
Mouvement d'Oxford, il s'était posé en
adversaire du « Libéralisme en religion », et il le rappelait, à la fin de sa
vie, dans le discours prononcé, à Rome,
lors de son élévation au cardinalat. « Le
libéralisme en religion, disait-il, est la
doctrine qui professe qu'il n'y a aucune
vérité positive en religion, mais qu'un
credo est aussi bon qu'un autre, et cette
idée gagne chaque jour du terrain. Elle
est inconciliable avec toute reconnaissance d'une religion comme vraie...
Dans ce système, la religion révélée n'est
pas une vérité, mais un sentiment et un

goût; elle n'est pas un fait objectif et miraculeux... » Et il dénonçait ce mal comme la « plus grande apostasie du jour » .

C'est sur ces divers points que l'école qui paraissait alors dominer dans le monde catholique et qui avait la faveur de l'autorité religieuse, se trouva en désaccord avec Newman. Le changement préconisé dans les méthodes d'apologie se confondit, au regard de cette école, avec les nouveautés périlleuses qui avaient alors cours. Dans la liberté de recherches réclamée pour la préparation de cette apologie, elle se demanda s'il ne se glissait pas un esprit d'indépendance et d'indocilité. Dans la sollicitude de Newman pour les esprits travaillés par les idées régnantes, dans son intelligence compatissante de leurs difficultés, dans les charitables ménagements qu'il recommandait à leur égard, elle crut découvrir une complaisance suspecte, sinon une complicité. Elle jugea téméraire le conseil donné aux catholiques de s'instruire des objections nouvelles, de se rendre compte de leur valeur, de se mettre en rapport avec les représentants de la critique et de la science moderne. Elle estimait que, pour protéger les croyants contre les menaces du monde hostile qui les entourait de toutes parts, le procédé le plus sûr était de les tenir enfermés dans la vieille forteresse, et de verrouiller toutes les portes pour que rien du dehors n'y pût pénétrer. L'un des meilleurs parmi les évêques d'Angleterre et l'un de ceux qui aimaient le plus Newman, Mgr Ullathorne, lui disait un jour que celui-ci exposait ses idées : « Les catholiques anglais sont des gens tranquilles..., ils n'ont eu jamais un doute;

cela les peine d'apprendre que des choses qu'ils ont toujours crues implicitement, peuvent être considérées comme douteuses. » Et Newman lui répondait : « Je crois voir un côté des choses que les évêques et le clergé ne voient pas (1). » Il ajoutait plus tard, dans une lettre à ce même prélat, en lui rappelant cette conversation : « Vous parliez, je suppose, des *gentlemen* de campagne et de ceux de votre génération ; moi, je pensais aux esprits penseurs et actifs et à la génération qui venait (2). »

A Rome, sous l'impression des révolutions politiques et des révoltes intellectuelles qui menaçaient de toutes parts le Saint-Siège, en présence des haines irréligieuses dont la violence n'était peutêtre pas autant sentie en terre anglaise,

(1) T. Ier, p. 497.
(2) *Ibid.*, p. 553.

on se montrait, à cette époque plus qu'à toute autre, en méfiance des idées modernes et disposé à leur répondre par un *non possumus*. On y estimait que, dans la chrétienté en danger, la concentration des pouvoirs s'imposait. De là, peu de dispositions à accueillir les idées de Newman. D'ailleurs, dans ce milieu italien, on n'avait presque pas de rapports directs avec l'Angleterre, et l'on ne savait guère de Newman que ce qu'en disaient ceux de ses compatriotes qui avaient pris à tâche de le discréditer. Comme Newman aura plus tard occasion de s'en rendre compte, ses véritables adversaires, ceux qui étaient les plus responsables de la façon dont il était jugé au Vatican, se trouvaient en Angleterre. Les prélats romains n'avaient, *a priori*, contre lui aucune prévention ; Pie IX lui était bienveillant ; Newman, de son côté,

a toujours évité, même à ses heures les
plus chagrines, de faire remonter ses critiques jusqu'à la personne du Pape ; il
reconnaissait ses qualités, sa foi, son courage, la bonne grâce humoristique qui
tempérait ses rigueurs, son charme qui
s'exerçait jusque sur les protestants les
plus prévenus. « Personnellement, écrit-
il à une amie, j'aime beaucoup le
Pape (1). » Si donc il y avait à Rome des
impressions fâcheuses sur Newman, elles
venaient d'outre-Manche : elles venaient
de Ward qui l'accusait d'être un *minimiser* et de pousser, sciemment ou non, à
la « déloyauté envers le Saint-Siège » ;
elles venaient surtout de Manning qui ne
se lassait pas d'écrire à Rome que
Newman était, en Angleterre, « le centre
de ceux qui pensaient mal du Saint-

(1) T. 1ᵉʳ, p. 586.

Siège » ; elles venaient de Mgr Talbot, le correspondant assidu de Manning, qui se faisait, au Vatican, l'écho de ces dénonciations et qui proclamait Newman « l'homme le plus dangereux de l'Angleterre (1) » .

Au dire de Newman, l'une des causes qui l'empêchaient d'être bien compris à Rome, était qu'à cette époque la Propagande se trouvait encore chargée de gouverner les catholiques anglais. Il se plaignait que cette congrégation, constituée pour régir les pays de mission, ne se préoccupât pas des nécessités créées par les difficultés intellectuelles des pays à culture raffinée. « C'est une chose grave, écrivait-il, qu'en Angleterre, sur les questions théologiques, le Pape et les catholiques individuellement se rencon-

(1) Voir les lettres publiées dans *Life of Manning,* par PURCELL, t. II, *passim.*

trent face à face, sans intermédiaire, sans aucun ressort ni coussin pour adoucir le choc, et que le pouvoir quasi militaire de la Propagande ait la juridiction et le contrôle de l'intelligence (1). » On sait que, depuis, satisfaction a été donnée à ce grief de Newman et que l'Angleterre a été soustraite à la Propagande, pour être mise au régime normal des autres pays chrétiens.

Toutefois il faut reconnaître, à la décharge des autorités religieuses, et particulièrement des autorités romaines si étrangères aux choses d'Angleterre, que la pensée de Newman, parfois un peu subtile et complexe, n'était pas toujours aisée à saisir. Il échappait à qui aurait voulu le rattacher à un type commun, lui donner une étiquette, le classer dans

(1) T. Ier, p. 560.

une école, dans un parti. La pénétration même avec laquelle il envisageait toutes les faces d'une question, l'apparente complaisance avec laquelle il pesait ce que les objections pouvaient avoir de fondé, de spécieux, donnaient à ceux qui n'étaient pas habitués à sa manière l'idée qu'il hésitait ou se contredisait. Tout cela était pour dérouter les esprits accoutumés à la discipline rigide de la scolastique, d'autant que Newman, non seulement ne se servait pas de la méthode habituelle des théologiens, mais qu'il avait en ces questions un vocabulaire à lui. Ce n'était pas seulement un adversaire tel que Manning, qui lui disait : « Je vous trouve difficile à comprendre. » Un autre converti, qui avait suivi pendant un temps son sillage, Allies, écrivait : « Newman est un homme singulier. Qui peut le comprendre? » Et l'un des plus

fidèles disciples du maître, qui devait lui
succéder comme supérieur de l'Oratoire,
le P. Ryder, confirmait cette impression :
« Il était, disait-il, excessivement difficile à des hommes élevés dans la logique
formelle, des écoles de comprendre celui
dont les propositions se prêtaient si mal
à la discipline habituelle. C'était un for-
midable engin de guerre pour leur cause,
mais ils avaient le sentiment qu'ils ne
comprenaient pas tout à fait le mécanisme
de cet engin, et quelques-uns d'entre
eux en venaient à penser qu'il pouvait un
jour faire explosion ou partir dans la
mauvaise direction (1). »

Ajoutons que, par un mélange de
timidité et de fierté, de susceptibilité et
de résignation, Newman n'aimait pas à
s'expliquer quand il était mal compris et

(1) T. Iᵉʳ, p. 18.

jugé défavorablement; il se repliait alors
sur soi. Puis, comme l'a encore justement
observé le P. Ryder, il y avait, chez lui,
une sorte de « passivité » ; nullement
porté par nature à agir, il ne se jugeait
tenu de le faire que s'il croyait entendre
un appel d'en haut, et lorsqu'il était
arrêté ensuite par des difficultés, des
obstacles, et que ses amis s'attendaient à
le voir résister et protester, il se bornait
à dire, avec plus ou moins de tristesse et
d'amertume : *Fiat voluntas tua*. Combien
différent il se montrait en cela de Manning! Si celui-ci se fût heurté aux mêmes
oppositions, avec quelle énergie impé-
rieuse et tenace il eût fait tête à ses adversaires, avec quelle infatigable diplo-
matie il eût déjoué leurs manœuvres,
bataillant en Angleterre, négociant à
Rome où il eût multiplié les lettres et les
voyages, faisant, en un mot, tout ce que

ne faisait pas Newman! C'est que l'un était un homme de combat et de gouvernement, ce que l'autre n'était à aucun degré.

II

LES PREMIERS MÉCOMPTES

1851-1858.

Ce fut à l'occasion de la fondation d'une université catholique en Irlande que Newman éprouva son premier déboire. Sur ces faits jusqu'ici imparfaitement connus, M. Ward a apporté d'intéressants renseignements (1). Sir Robert Peel, en 1846, avait offert aux catholiques irlandais certaines facilités et garanties pour leur permettre de fréquenter l'université officielle. Beaucoup de laïques et une partie des évêques, dont le Dʳ Murray, archevêque de Dublin,

(1) T. Iᵉʳ, chap, XI, XII et XIII.

étaient disposés à accepter ce *modus
vivendi*. Mais d'autres évêques, notamment Mgr Cullen, alors archevêque d'Ar-
magh et qui devait bientôt succéder à
Mgr Murray, repoussaient cette combi-
naison et préconisaient la fondation d'une
université purement catholique. Cet avis
prévalut à une voix de majorité, dans
une réunion de l'épiscopat irlandais
en 1850, et fut approuvé par le Saint-
Siège, opposé par principe à toute éducation mixte. Avec l'agrément du Pape,
Mgr Cullen demanda, en 1851, à Newman d'être le recteur de la nouvelle université. Le prestige du grand *Oxfordman*
paraissait devoir aider au succès de l'entreprise.

Newman n'avait à peu près aucune
idée des conditions dans lesquelles il
pourrait accomplir sa mission; le Pape
l'appelait, c'était assez pour lui donner

confiance : « J'étais un pauvre innocent, dans tout ce qui regardait l'état des choses en Irlande, a-t-il écrit plus tard ; mais je ne m'en inquiétais pas, parce que je me reposais sur la parole du Pape... J'avais été accoutumé à croire que, outre l'infaillibilité attribuée aux décisions doctrinales du Saint-Siège, un don de sagacité avait de tout temps caractérisé ses occupants (1). » Le but à atteindre était d'ailleurs pour lui plaire. Cette université lui paraissait un moyen de « renforcer, dans un jour de grand danger, les défenses de la religion chrétienne ». La pensée des périls que courait la jeunesse, en face de la marée montante de l'incroyance, devait être l'angoisse de toute sa vie. « Quand je vois, écrira-t-il plus tard, un jeune homme intelligent et

(1) T. Iᵉʳ, p. 388.

habitué à penser, j'éprouve une sorte de terreur, en songeant à son avenir. Comment sera-t-il capable de résister au mouvement intellectuel qui vient assaillir le christianisme (1) ? » Donner à cette jeunesse une formation qui la mît à même de résister à cet assaut, n'était-ce pas l'œuvre excellente entre toutes ? Newman n'allait-il pas continuer ainsi, avec l'accroissement de force qu'il trouverait à « s'appuyer sur le roc de Pierre », l'œuvre qu'il avait commencée auprès des *undergraduates* d'Oxford ? Par toutes ces raisons, il accepta l'offre qui lui était faite, décidé à se donner à l'œuvre avec toute son énergie.

Il ne tarda pas à voir quelles difficultés il y rencontrerait. Plusieurs des évêques étaient indifférents sinon hostiles. L'un

(1) T. II, p. 474.

d'eux, l'évêque de Limerick, n'avait consenti à donner son nom qu'à la condition qu'on sût bien « qu'il ne prédisait qu'un échec ». Les familles se montraient peu disposées à envoyer leurs enfants. Le provincial des jésuites et le président du collège de Maynooth, bien placés, entre tous, pour connaître la situation, avertissaient Newman qu'il ne trouverait pas d'étudiants en Irlande, que le petit nombre de ceux qui étaient curieux de haute culture préféreraient aller aux universités officielles pour y conquérir des grades. Les gens de loi tenaient « que quand la société est mixte, l'éducation doit l'être également ». Quant au rêve, qui était celui de Newman, de faire de la nouvelle université un centre intellectuel, non seulement pour les Irlandais, mais pour tous les catholiques de langue anglaise, l'évêque de Birmingham, Mgr Ullathorne, mieux éclairé sur les préventions de ses compatriotes, déclarait que les Anglais « n'enverraient jamais leurs fils à Dublin ».

Newman trouvait-il au moins un franc appui chez ceux qui avaient pris l'initiative de la fondation et qui étaient venus le chercher, notamment chez le principal d'entre eux, Mgr Cullen? Il fut bientôt manifeste qu'en dépit d'une grande estime réciproque, il n'y avait pas, entre l'archevêque et le recteur, accord sur l'œuvre à faire. Newman appréciait sans doute l'avantage d'une université exclusivement catholique. Mais, pour être catholique, l'université n'en devait pas moins être un centre de forte et large culture, préparant les jeunes gens à se mouvoir au milieu des dangers intellectuels de la société moderne. « Une université, disait-il, n'est pas un couvent, elle n'est pas un séminaire, c'est un endroit où il faut former des hommes du monde pour le monde. Nous ne pouvons pas les préserver d'être un jour lancés dans le monde, au milieu de ses méthodes, de ses principes, de ses maximes, mais nous pouvons les préparer à se défendre contre ce qui est inévitable. Or, ce n'est pas le moyen de leur apprendre à nager dans les eaux troublées que de ne les avoir jamais laissés y mettre le pied. » Sans méconnaître l'autorité qui devait appartenir aux évêques, il réclamait une part pour les laïques, non seulement dans le contrôle financier, mais dans la répartition des chaires auxquelles il entendait n'appeler que des hommes de haute compétence. Pour ceux-ci, il revendiquait une conception large de l'enseignement littéraire et la liberté nécessaire aux recherches scientifiques.

Tout autres étaient les vues de Mgr Cullen. Comme la plupart des autres prélats irlandais, il ne s'inquiétait guère de
la haute culture intellectuelle; en fon-
dant l'université, il avait seulement voulu
faire échec à l'éducation mixte et il rêvait
d'une sorte de séminaire, entièrement
dans la main de l'autorité ecclésiastique,
où l'élément laïque n'aurait presque aucune part et dans lequel les jeunes gens
seraient soigneusement préservés de tout
souffle venu du dehors, de toute con-
naissance des idées dangereuses ayant
cours dans le monde moderne.

Ce désaccord foncier ne se traduisit
pas par un conflit patent, mais Newman
se vit partout entravé et réduit à l'impuissance. Non seulement il n'avait pas
l'indépendance qu'il jugeait nécessaire
au succès d'une université, mais il voyait
nommer ses subordonnés sans qu'il eût

été consulté. Les professeurs qu'il cher-
chait à attirer étaient regardés avec méfiance, surtout s'ils étaient Anglais. A ses
lettres, Mgr Cullen n'opposait pas de
refus; il se bornait à ne pas répondre.
« Je ne pouvais pas agir, a rapporté
Newman, parce que je ne parvenais pas
à faire dire à l'archevêque oui ou non
aux questions que je lui posais, et, si
j'agissais sans l'interroger, je le mécon-
tentais. »

Newman put croire un moment, en
janvier 1854, que le Saint-Siège le mettrait à même de surmonter ces difficultés. Il avait écrit au cardinal Wiseman,
pour lui faire connaître sa situation. Le
cardinal qui, dès la conversion de Newman, avait eu le sentiment très vif de la
valeur qu'avait pour les catholiques le
concours d'un tel homme, saisit le Pape
de la question et lui suggéra de nommer

le recteur évêque *in partibus,* pour lui
donner un rang égal aux prélats irlandais avec lesquels il avait à traiter.
Pie IX, qui s'intéressait fort à l'avenir de
l'université, entra volontiers dans cette
idée, et Wiseman s'empressa d'annoncer
à Newman son élévation. « Je n'aurais
jamais imaginé, a écrit plus tard ce dernier, que des circonstances pussent se présenter, dans lesquelles je serais amené
à me réjouir d'être nommé évêque. Il en
fut cependant ainsi. J'étais content, car,
si quelque chose ne venait pas donner
plus d'autorité à ma position officielle,
je ne voyais pas comment je pourrais
surmonter l'inertie et l'opposition qui
existaient, en Irlande, au sujet de l'université. »

La nouvelle de cette nomination se
répandit bientôt parmi les catholiques
anglais. Ceux-ci, sur l'initiative du duc

de Norfolk, se cotisèrent pour offrir à Newman de riches ornements épiscopaux. Les évêques le complimentèrent, en le qualifiant de *my dear Lord*. Wiseman réclama « l'honneur et la consolation » de le consacrer. Puis, tout d'un coup, le silence se fit. Plus rien ne vint de Rome. « Wiseman, a rapporté Newman, ne m'écrivit jamais un seul mot, il ne m'envoya aucun message pour m'expliquer le changement qui s'était produit. » Plus tard, en 1860, Manning ayant touché le sujet à Rome, il lui apparut clairement que Newman aurait l'épiscopat s'il le désirait ; mais celui-ci n'était pas un homme à « lever même le doigt » en semblable matière. Il se tut, et l'on profita de son silence pour ne rien faire. Peu après, une amie fidèle, miss Giberne, demanda, sans circonlocution, au Pape, au cours d'une audience :

« Saint-Père, pourquoi ne faites-vous
pas le P. Newman évêque? » « Le Pape,
a-t-elle raconté, parut fort embarrassé et
aspira une grosse prise de tabac. »

Que s'était-il donc passé et quel était
le secret de ce revirement? Wiseman
avait cru s'être assuré préalablement de
l'adhésion de Mgr Cullen; celui-ci n'avait
pas osé la refuser, mais, après coup, il
s'était inquiété de la force que cette
nomination donnerait au recteur, et, de
concert avec les autres évêques d'Irlande,
il avait agi à Rome, où il était *persona
grata,* pour faire échouer le projet. Quant
à Wiseman, plus impulsif que persévé-
rant, il avait perdu de vue un projet que
l'intéressé ne lui rappelait pas. « Je n'ai
jamais, écrit Newman dans ses notes,
posé de question à personne sur cette
affaire... Cette perspective s'est évanouie
dans mon esprit, à mesure que l'ajour-

nement s'est prolongé. Je sentais que
d'être nommé évêque m'aurait singulièrement aidé dans mon œuvre, mais je
n'aurais plus été en mesure de démis-
sionner, si j'avais accepté de tels gages.
Je serais resté en Irlande jusqu'à maintenant. Je ne cesse de remercier saint Philippe de m'en avoir préservé. *Sic me
servavit Apollo.* » Ailleurs, il disait qu'en
empêchant cette nomination, Mgr Cullen
avait été son « grand bienfaiteur ». Ne
nous trompons pas cependant à ce langage. Au vrai, il fut attristé et blessé,
sinon des oppositions qu'il avait rencontrées, du moins de la négligence avec
laquelle l'avaient soutenu ceux qui se
disaient ses amis, du sans gêne discourtois
avec lequel on l'avait abandonné après lui
avoir offert ce qu'il n'avait pas demandé.

Malgré tant d'obstacles et de déboires,
Newman hésita longtemps à jeter le

manche après la cognée. Il se faisait
scrupule d'abandonner une œuvre à laquelle il avait cru être appelé par Dieu.
D'ailleurs, s'il était entravé dans la réa-
lisation pratique de ses projets, du
moins lui était-ce une occasion d'exposer, comme recteur, dans des *Lectures*
justement renommées, ses idées sur la
façon dont doit être élevée la jeunesse,
pour conserver la foi traditionnelle, tout
en ayant l'esprit ouvert aux connaissances
de son temps. Il formulait, avec largeur
d'esprit, ce que M. Wilfrid Ward appelle
« la *Magna Charta* de la liberté réclamée
par la science séculière dans une université catholique ». S'il faisait preuve, en
cela, de quelque hardiesse, ce fut sur
une note de grande simplicité et de
grande humilité qu'à la fin de sa dernière « lecture » il se sépara de ses audi-
teurs. Il se rendait compte que son effort

pour ce qu'il appelait « l'élargissement intellectuel » n'était pas en harmonie avec les vues de ceux de qui l'université dépendait très étroitement; son opinion personnelle sur la nécessité de cet élargissement n'en était pas affaiblie; mais, en cette circonstance, comme en toutes les autres, il n'entendait parler que « sauf correction ». Suivant la remarque de son biographe, fidèle interprète de sa pensée, il pouvait se faire que la spéculation, si on lui laissait libre champ, s'émancipât à ce point qu'elle mît la foi en péril; peut-être fallait-il plus de prudence qu'il ne le croyait nécessaire. Un grand sacrifice intellectuel serait alors demandé aux catholiques, comme prix de ce qui était infiniment plus élevé, c'est-à-dire de leur foi. Newman ne pensait pas qu'il en fût ainsi; mais il était résolu à s'incliner devant l'Église et à lui obéir, si telle était l'opinion et la décision de ceux qui la gouvernent. Il terminait par ces paroles :

Croyez en l'Église de Dieu implicitement, même quand votre jugement naturel prendrait un cours différent du sien et vous induirait à mettre en question sa prudence ou sa correction. Souvenez-vous combien sa tâche est rude, combien elle est sûre d'être critiquée et blâmée, quoi qu'elle fasse ; souvenez-vous combien votre loyale et tendre dévotion envers elle lui est nécessaire. Souvenez-vous aussi de la longueur d'une expérience de dix-huit siècles, et quel droit elle a de réclamer votre assentiment aux principes qui ont passé par une épreuve si étendue et si triomphante. Remerciez-la d'avoir gardé sauve la Foi pendant tant de générations, et donnez-vous à tâche de l'aider à la transmettre aux générations à venir.

Cependant les années passaient et Newman se heurtait toujours aux mêmes difficultés. Après six années d'efforts, en 1857, il dut enfin reconnaître l'impossibilité d'accomplir l'œuvre qu'il avait rêvée, et il résigna ses fonctions.

Ce premier mécompte de sa vie catholique a eu, sur son état d'âme, un effet qui dépasse de beaucoup ce qu'il aurait pu être avec une nature moins impressionnable. L'élan joyeux avec lequel le converti s'est mis en mouvement est brisé. Il sent s'évanouir la confiance qui lui faisait croire au succès, fallût-il pour cela un miracle, du moment où il se mettait en mouvement sur l'appel du successeur de Pierre. Sa foi catholique n'en est sans doute pas ébranlée, et il ne s'en croit pas moins dans la main de Dieu ; seulement, il se demande si ce que celui-ci lui réserve n'est pas la croix au lieu du triomphe. De ce jour, le ton de ses lettres est changé ; elles deviennent

4

tristes, parfois chagrines. Si détaché qu'il soit au fond de tout sentiment mesquin d'amour-propre, il ne peut s'empêcher de comparer la façon dont il vient d'être traité, avec le prestige qui l'environnait naguère, à Oxford, même aux yeux de ceux qui le combattaient. Il songe, non sans quelque impatience, à l'inertie à laquelle il s'est buté chez ceux qu'il voulait servir, et il a peine à supporter d'être désormais à la merci de gens qui ne paraissent pas attacher de prix à son concours. Il se croit oublié et fini. « Pour la génération qui s'élève, écrit-il en 1857, à son fidèle Saint-John, pour les fils de ceux qui m'ont connu ou qui ont lu ce que j'écrivais, il y a quinze ou vingt ans, je ne suis plus qu'une page d'histoire. Je ne vis pas pour eux... C'était à Oxford et par mes sermons paroissiaux que j'avais de l'influence. Tout cela est passé (1). »

Ce premier mécompte fut bientôt suivi d'un second. Dans leur synode de 1855, les évêques d'Angleterre avaient émis le vœu de voir publier une nouvelle version anglaise des Écritures. Deux ans après, au moment où Newman quittait l'université d'Irlande, Wiseman lui demanda, au nom de ses collègues, de se charger de ce travail. Newman accepta avec empressement une proposition où il voyait, disait-il, « une haute marque de confiance ». Ne lui serait-ce pas une occasion d'aborder, à propos de la critique biblique alors à ses débuts, quelques-unes des difficultés dont il savait certains esprits troublés? Il se mit donc aussitôt à l'œuvre, recruta des collaborateurs, et commença lui-même à préparer, en guise

(1) T. Ier, p. 387.

d'introduction, un essai sur la philosophie du récit sacré, dont il voulait faire
une antidote aux interprétations natura-
listes.

Le travail était en train depuis une
année, quand Newman fut informé,
d'une part, que des évêques américains,
qui avaient entrepris une œuvre analogue, proposaient une collaboration à
laquelle il était, pour son compte, peu
favorable, d'autre part, que des difficultés s'élevaient sur la question de savoir qui supporterait les dépenses. Il
estimait que c'était à Wiseman de résoudre ces difficultés. Mais celui-ci, alors
malade et absorbé par des embarras
administratifs, ne répondait rien à toutes
les questions. Il semblait que le sujet lui
fût sorti de l'esprit; signe nouveau de
l'espèce de négligence dont il avait déjà
fait preuve dans l'affaire de l'évêché *in*

partibus. Dans ces conditions, Newman crut devoir suspendre son travail et celui de ses collaborateurs, gardant à sa charge les dépenses faites. Depuis lors, aucun des évêques ne lui reparla de cette traduction, aucun ne le pressa de la reprendre. Y avait-il eu là-dessous, comme on l'a supposé, quelque intervention de libraire inquiet de voir démoder l'édition dont il était propriétaire? Quoi qu'il en soit, Newman constata, une fois de plus, le peu de cas que l'on faisait de son concours. Cette indifférence lui était plus mortifiante que n'eût été l'hostilité. Dans cette affaire, lui semblait-il, ainsi que dans celle de l'université d'Irlande, les autorités religieuses s'étaient servies de son nom, comme d'une enseigne, pour donner l'idée que le corps catholique pouvait lui aussi faire figure dans le monde des *scholars*, mais au fond elles ne s'inté-

ressaient pas à l'œuvre qu'elles paraissaient lui confier et n'appréciaient pas la
contribution qu'il pouvait apporter à la
défense des vérités catholiques ; et il écrivait, avec une ironie attristée, sur son
journal intime, qu'il était traité à la
façon de « quelque bête sauvage extraordinaire, spectacle à faire montrer aux
étrangers par le docteur Wiseman, celui-
ci présenté comme le chasseur qui l'avait
capturé (1) » .

(1) T. Iᵉʳ, p. 569.

III

NEWMAN ET LE « RAMBLER »

1858-1864.

Newman n'avait désormais aucune tâche qui lui fût proposée par l'autorité religieuse. Il ne pouvait lui déplaire de n'être plus distrait de la vie de retraite et de prière qu'il menait, dans son couvent d'Egbaston, au milieu de ses frères de l'Oratoire et des élèves de l'école fondée près du couvent. Plus occupé des choses invisibles que des visibles, porté de tout temps à croire que sa vocation était d'être séparé des hommes pour être plus uni à Dieu, répétant volontiers que, dans tout l'univers, deux êtres seuls lui importaient, son âme à lui et Dieu qui l'a faite, il n'enviait pas à d'autres l'importance et le succès que pouvait leur donner une action extérieure.

Toutefois il demeurait préoccupé des questions à la solution desquelles il avait espéré contribuer par l'université irlandaise et par la traduction des Écritures ; il était notamment toujours aussi convaincu de la nécessité d'approprier l'apologétique aux difficultés nouvelles, issues des progrès de la science et de la critique ; il n'était pas moins convaincu, à la suite de sa récente expérience, que les évêques, absorbés par leurs affaires, étaient d'ordinaire peu qualifiés pour résoudre ce problème, et qu'il fallait attendre d'autres initiatives. Tout ce qui se tentait dans cet ordre d'idées fixait son attention. Pour cette raison, il était alors fort occupé d'une revue catholique qui avait un grand succès dans le monde

intellectuel, le *Rambler,* peu après trans-
formé en *Home and Foreign Review.* Ses
rédacteurs, entre autres Simpson et
Acton, étaient des hommes de haute valeur, très éveillés sur les objections et les
exigences de la pensée moderne, mais
en même temps très animés contre ce
qui, du côté religieux, leur paraissait routine et étroitesse.

« Intérêt et désappointement », c'est
ainsi que l'un des confidents de Newman
résumait les sentiments mêlés ou alter-
nés avec lesquels celui-ci suivait cette
publication. Il reprochait aux rédacteurs
la témérité de quelques-unes de leurs
idées et surtout leur ton irrespectueux,
sarcastique, à l'égard de l'autorité religieuse, leurs préventions *a priori* contre
ce qui portait la marque romaine, et,
devant certains excès, son mécontentement allait parfois jusqu'à l'indignation.

D'autre part, il leur savait gré d'aborder
le pressant et redoutable problème que
beaucoup de dirigeants ecclésiastiques se
flattaient à tort de pouvoir éluder. Cette
revue, écrivait-il à un ami, « doit modi-
fier considérablement ses procédés, pour
que des catholiques puissent en dire du
bien ; mais elle met en lumière ce fait
que des difficultés existent, qu'il faut les
résoudre, et elle essaie de le faire ; non
avec succès, sans doute, ni toujours pru-
demment ; mais encore a-t-elle fait quelque chose, et parler contre elle, comme
le font certaines personnes, me paraît
l'acte de gens qui sont aveugles sur les difficultés intellectuelles du moment (1) ».
Il ajoutait, dans une autre lettre : « Je
suis très fâché que les évêques aient pris
position contre la publication la plus

(1) T. II, p. 49.

habile que nous ayons, bien que je ne puisse entièrement me fier à ses dirigeants. Une telle politique est imprudente et malheureuse (1). »

Une autre considération touchait peut-être plus encore Newman : c'était le souci de conserver à l'Église des hommes d'intelligence supérieure, qu'il croyait être, en dépit de leurs imprudences de langage, de sincères catholiques. Il ne voulait pas risquer de les aliéner, en les rebutant. Cette sollicitude inquiète et charitable à l'égard des âmes n'a-t-elle pas été, de tout temps, l'un de ses traits les plus caractéristiques? Si la plupart de ces écrivains, à commencer par le plus distingué d'entre eux, Acton, sont demeurés, en dépit de crises passagères, fidèles à leur foi, ils l'ont dû en grande

(1) T. Ier, p. 539.

partie à Newman. Sur la fin de sa vie, dans l'apaisement qui suivit son éléva- tion au cardinalat, Newman s'expliqua sur ce sujet, en causant avec le fils de l'un de ceux qui avaient le plus critiqué son attitude à l'égard du *Rambler* et de l'*Home and Foreign Review*. « Sûrement, dit-il en cette occasion au fils de W. G. Ward, votre père n'a jamais pensé que je fusse d'accord avec Acton et Simpson? — Pas entièrement, répondit M. Wilfrid Ward, mais il pensait que tous deux étaient un grand danger pour l'Église et qu'ils se trouvaient soutenus par votre appui. — Jamais, reprit-il, je ne les ai réellement appuyés. Mais votre père pou- vait penser que quelques-unes de leurs vues étaient la conséquence des miennes, et que j'aurais dû décliner explicitement toute solidarité avec eux. Je confesse que je lui en voulais de ne pas voir combien il importait de ne pas aliéner à l'Église des hommes si capables. Peut-être me trompais-je dans le sens opposé. Je le dis, — en partie à ma louange et peut-être en partie pour me blâmer, — j'avais une grande tendresse pour ces savants, pour ces parfaits *scholars*, et je désirais faire tout ce qu'il m'était possible pour que la cause catholique ne perdît pas le grand avantage qu'elle pouvait tirer de leurs services (1). »

En même temps qu'il témoigne cette charitable sollicitude, Newman ne cesse de montrer à ces écrivains combien leurs témérités et surtout leur ton indisposaient les catholiques ; il insiste sur la fausse situation où ils se mettent en provoquant l'opposition des évêques ; il leur rappelle que ce n'est pas du courage

(1) T. II, p. 496.

d'aller à l'encontre des supérieurs cons-
titués, et il leur prêche la soumission à
toute décision ou censure ecclésiastiques. De cette soumission il ne donne
pas seulement le conseil; il en donne
l'exemple. En 1859, les évêques, mécontents du *Rambler,* demandent à Newman
d'en prendre la direction; il obéit, bien
que ce lui soit, dit-il, « une amère pénitence (1) ». Quelques mois plus tard,
Mgr Ullathorne, que cette expérience n'a
pas satisfait, lui donne à entendre qu'il
ferait mieux d'abandonner la direction
de la revue; il obéit encore. « Avec
les principes et les sentiments d'après
lesquels j'ai toujours agi, durant ma
vie, écrit-il à un ami, je ne pouvais me
conduire autrement. Je n'ai jamais résisté
et je ne puis résister à la voix d'un supé-

(1) T. Ier, p. 492.

rieur légitime, parlant dans son do-
maine. » A un autre correspondant, il
explique sa conduite sous cette forme
humoristique :

Dans un incendie, je crois qu'il serait
permis, si vieux ou si respectable qu'on
fût, de quitter son habit, de relever ses
manches et de travailler à la pompe. Et
alors, si un pompier survenait et disait :
« Mon brave homme, vous faites de votre
mieux, mais ne voyez-vous pas que vous
ne faites que noyer tous vos amis par vos
essais malheureux? » je dirais, du meilleur
cœur du monde : « Je vous comprends »,
et je laisserais à d'autres le soin d'éteindre
le feu. Cela ne s'applique pas, de toutes
façons, au cas dont il s'agit, mais cela vous
aidera à comprendre pourquoi j'ai entrepris la direction du *Rambler,* et comment,
avec la plus grande joie possible, je l'ai
abandonnée (1).

(1) T. Iᵉʳ, p. 499.

Cette joie dont il parle était-elle bien
réelle? En tout cas elle ne paraît pas
avoir duré. Il ne pouvait lui être indiffé-
rent de voir, une fois de plus, une tâche
qu'il avait entreprise, rendue vaine par
ceux qui n'avaient pas su en comprendre
l'importance. Son véritable sentiment,
à la fois triste et résigné, nous le trou-
vons dans une lettre adressée, quelques
mois plus tard, à son ami Henri Wiber-
force :

J'ai fait tout ce que j'ai pu pour chercher
quelle était la volonté de Dieu, et je suis
sûr ainsi qu'il ne pourra en résulter que
du bien. Je crois que les évêques ne voient
qu'un côté de la question et que j'ai une
mission, dans la mesure où me poussent
mes sentiments intérieurs, pour combattre
les maux que je *vois*. D'autre part, j'ai toujours prêché que les choses qui sont *réellement* utiles, se font quand même, selon la
volonté de Dieu, *à un certain moment et*

non à un autre, et que, si vous essayez, au *mauvais* moment, ce qui en soi-même est juste, vous pouvez devenir un hérétique ou un schismatique. Ce que j'ai en vue peut être vrai et bon, mais il peut être dans la volonté de Dieu que ce soit fait cent ans plus tard. Quel exemple frappant est ce pauvre Gioberti! Il plaidait, dans son livre appelé, je crois, *Il Primato,* pour une confédération italienne ayant le Pape à sa tête. Il y poussa déraisonnablement et mourut, je le crains, hors de l'Église. Lorsque je ne serai plus là, on verra peut-être que des gens m'empêchèrent de faire une œuvre que j'aurais pu faire. Dieu gouverne toutes choses. Toutefois, c'est décourageant de venir avant son heure et d'être méprisé ou arrêté aussitôt qu'on commence à agir (1).

Trois ans plus tard, Mgr Ullathorne infligeait un blâme public au *Home and*

_____

(1) T. Ier, p. 499-500.

Foreign Review qui avait remplacé le
Rambler. Newman se fait alors un devoir
de lui écrire, en qualité de « membre de
son clergé », qu'il « concourt de tout
cœur » à la condamnation ; et il ajoute
que « s'il peut faire quelque chose de
plus qui soit une consolation pour son
évêque, il espère que celui-ci le lui
dira ». Ce n'est pas que, sur le fond de
la question, il croie qu'en tous les points
l'évêque ait raison, et il juge loyal de le
lui écrire, mais il ajoute aussitôt :

Aucun bien n'est jamais venu de la
résistance aux pasteurs qui ont charge du
troupeau. Ce sont eux qui sont les gardiens
de la doctrine ; eux qui ont à rendre compte
des âmes ; eux qui sont responsables si
l'Église souffre. Je ne serai jamais assez
téméraire pour ne pas leur laisser leur
responsabilité pure et simple, ayant seulement le devoir, en cette matière, de les
aider de mes prières. Quand je devins un

catholique, j'écrivis au docteur Baggs que, sur une seule parole des évêques, je jetterais au feu mon livre sur le *Développement de la Doctrine,* qui allait paraître. Et aujourd'hui, si j'avais écrit, sur les sujets qui m'intéressent et me tourmentent le plus profondément, je pense que je serais également prêt à supprimer mes propres convictions sur l'ordre de l'Église (1).

Sa pensée se portait-elle sur ce qui lui paraissait insuffisant et défectueux chez ceux dont il subissait les décisions, notamment chez les dirigeants de la Propagande, il reconnaissait qu'il y aurait lieu, en effet, de s'indigner, si on avait affaire à quelque institution humaine, mais il ajoutait aussitôt :

Le sentiment et la certitude que j'ai de la divinité de l'Église font qu'aussitôt la chose est aisée à supporter. Tout ceci, un

(1) T. Iᵉʳ, p. 553.

jour, rentrera dans l'ordre. Il peut en
résulter beaucoup de mal sur le moment,
mais, encore une fois, cela rentrera dans
l'ordre. Et nous n'améliorons pas les choses
par la désobéissance ; au contraire, nous
pouvons les compliquer et retarder les
réformes nécessaires. Notre rôle est d'obéir.
Soyons seulement patients, et tout tour-
nera bien. Je dirais tout ceci sans aucune
réserve à mon évêque, s'il m'en donnait
l'occasion, car je crois que le faire est un
devoir de loyauté. Mais je ne m'attends pas
à ce qu'aucun évêque cherche à se rendre
compte de ce que moi ou tout autre qui
voit comme moi, nous pensons à ce sujet.
C'est pourquoi j'abandonne tout cela à
Dieu. La logique des faits, tels qu'Il les
conduira, sera l'enseignement le meilleur
et le plus complet (1).

A vouloir concilier la soumission qu'il
entendait toujours observer à l'égard des

(1) T. Ier, p. 560.

autorités religieuses et l'intérêt qu'il prenait à ceux qui cherchaient la solution des problèmes intellectuels du moment, Newman s'était placé dans une situation délicate, et il s'exposait à être mal vu des deux côtés. Tandis que Simpson et ses collaborateurs se plaignaient qu'il les lâchât et doutaient de son courage, Manning et Ward le jugeaient plus ou moins responsable de toutes les fautes que pouvait commettre la revue libérale, et ils ne se faisaient pas faute de faire parvenir leurs griefs à Rome, où l'on était alors, — à la veille du *Syllabus,* — facilement ombrageux à l'égard de tous ceux qui paraissaient tant soit peu infectés des erreurs modernes. On ne se contentait pas d'ailleurs d'insinuations plus ou moins vagues. A la suite d'un article publié, en 1859, dans le *Rambler,* sous ce titre : *De la consultation des fidèles dans les questions de doctrine,* Newman se vit formellement dénoncé à Rome comme ayant soutenu une doctrine hérétique. Très convaincu que les laïques avaient un rôle dans l'Église, et que, moins que jamais, en face des dangers de l'heure présente, ce rôle devait être méconnu, il avait voulu, dans l'article incriminé, donner un exemple de ce que ces laïques avaient pu faire pour la préservation de la vérité dogmatique ; il avait raconté comment, dans les années qui avaient suivi le concile de Nicée, la plupart des évêques avaient trempé dans l'arianisme, tandis que les fidèles demeuraient les champions obstinés de l'orthodoxie ; puis, après le rappel de ces faits historiques incontestables et consignés dans Baronius, il ajoutait cette phrase sur laquelle fut édifiée l'accusation d'hérésie : « Il y eut alors une suspension des fonctions de l'*Ecclesia docens*. » Newman a reconnu lui-même plus tard que « les expressions eussent pu être mieux choisies (1) » ; mais il s'est vivement défendu d'avoir voulu dire que l'épiscopat, agissant régulièrement en corps, avait été hérétique ; c'était seulement comme individus que des évêques avaient failli, et l'infaillibilité de l'*Ecclesia docens* demeurait hors de contestation.

La dénonciation trouva de l'écho à Rome ; l'article y fut interprété dans le mauvais sens, et Newman fut informé que le Pape en « était très peiné ». Si peu disposé qu'il fût d'ordinaire à se défendre, il estima que « cette défense était un devoir dès qu'une question de foi était en jeu ». D'accord avec son évêque, Mgr Ullathorne, il écrivit au car-

(1) T. II, p. 125.

dinal Wiseman, alors à Rome, une lettre
où il le priait de lui faire connaître les
passages incriminés et les « propositions
dogmatiques » avec lesquels on les croyait
en contradiction : « Si votre Éminence
fait cela pour moi, ajoutait-il, je m'en-
gagerai, avec la bénédiction de Dieu, dans
le délai d'un mois : 1° à accepter et à
professer *ex animo,* dans leur plénitude
et leur intégrité, les propositions dogmatiques en question ; 2° à expliquer l'intention et l'argumentation de l'auteur de
l'article en stricte concordance avec ces
propositions ; 3° à montrer que le texte
anglais et le contexte de l'article lui-
même sont absolument d'accord avec ces
propositions (1). » Cette lettre envoyée,
Newman attendit. Rien ne vint. Six mois
plus tard, Manning lui fit savoir, de la part

(1) T. II, p. 128 et 171.

de Wiseman, qu'il ne serait plus question de cette affaire. Newman dut en conclure que ses offres d'explications avaient été jugées satisfaisantes et que les ombrages étaient dissipés. Il n'en était rien. Wiseman, aussi négligent en cette affaire qu'il l'avait été pour l'évêché *in partibus* et pour la traduction de la Bible, n'avait rien dit à personne de la lettre de Newman : omission d'autant plus singulière que, peu auparavant, Mgr Ullathorne lui avait parlé, très sérieusement, des épreuves auxquelles Newman avait été soumis, notamment à l'occasion de la traduction de la Bible ; le cardinal qui, au fond, avait l'âme généreuse et qui aimait vraiment Newman, avait alors fondu en larmes, disant : « Assurez Newman que je ferai tout ce que je pourrai pour lui (1). »

(1) T. II, p. 172.

L'affaiblissement de l'âge peut seul expliquer une telle inconsistance. Quoi qu'il
en soit, les autorités romaines, ne voyant
rien venir, ni rétractation, ni explication,
en conclurent que l'auteur dédaignait de
se justifier; et si, à raison surtout de la
bienveillance que Pie IX gardait personnellement à Newman, aucune mesure ne
fut prise contre lui, il n'en resta pas moins,
comme on le disait autour du Pape, une
« impression mauvaise (1) ». Telle fut, à
l'insu de Newman, l'une des origines,
la principale probablement, de la suspicion qui devait peser lourdement sur lui,
et qu'il retrouvera encore toute vive,
huit ans plus tard, quand il députera,
à Rome, deux amis pour s'y justifier.
Mgr Talbot écrira, en effet, en 1867 : « Il
est parfaitement vrai qu'un nuage est

(1) T. II, p. 158.

suspendu sur Newman à Rome, depuis
que l'évêque de Newport l'a déféré
pour hérésie à raison de son article du
Rambler. Depuis, rien n'a dissipé ce
nuage (1). »

Il était encore un autre grief dont
se servaient les adversaires de Newman
pour le discréditer auprès du Pape. Au
lendemain de la guerre d'Italie, alors
que se multipliaient les attentats à main
armée contre les États pontificaux, la
question du pouvoir temporel était devenue singulièrement brûlante et aiguë.
Beaucoup de catholiques, indignés de la
vilenie des attaques et pieusement émus
des douleurs du pontife, étaient disposés à mesurer la loyauté des fidèles sur
leur zèle à soutenir, en cette matière, les
thèses plus absolues. Manning, qui de-

(1) T. II, p. 146.

vait, à la vérité, professer, vers la fin de
sa vie, des idées beaucoup moins intransigeantes sur les rapports du Pape avec
l'Italie, était alors, avec Ward, parmi les
plus ardents. Tous deux en venaient à
mettre le principe du pouvoir temporel
presque au rang des vérités dogmatiques.
Ward notamment soutenait que c'était
un péché mortel, méritant la damnation
éternelle, de ne pas croire à la nécessité
de ce pouvoir. Newman était plus réservé et plus froid ; non, certes, qu'il ap-
prouvât l'œuvre de spoliation ; dans un
sermon qu'il fit alors sur « le Pape et la
Révolution », il qualifiait l'armée pié-
montaise « de bande de voleurs sacri-
lèges », et, en prononçant ces paroles,
il frappait du pied le sol ; mais, sur le
principe même, il trouvait excessives les
idées exprimées par quelques-uns de ses
défenseurs ; il ne considérait pas comme

improbable que ce pouvoir, créé par une série d'événements séculiers, vînt à tomber par suite d'événements du même genre. Il n'avait pas du reste d'idées arrêtées sur la solution du problème, proclamant seulement qu'en tout cas « le Pape ne devrait être le sujet d'aucune puissance ». Ce qu'il avait à cœur, c'était qu'on « ne prétendît pas faire du pouvoir temporel une doctrine *de fide;* et cela pour deux raisons : la première, parce qu'il était peut-être dans la providence de Dieu que ce pouvoir cessât d'exister; la seconde, parce qu'il n'était pas juste d'effrayer, de tourmenter, d'irriter les catholiques, en les forçant à accepter comme étant *de fide* ce qui ne l'était pas (1) ». Il ne jugeait pas, du reste, à

(1) Déclarations contenues dans un *Memorandum* écrit le **22** mai **1882**, alors que Newmann était cardinal.

propos de faire connaître ses vues au
public et de se mêler aux controverses;
seulement il lui répugnait de prendre
part à des démonstrations qu'il jugeait
trop intransigeantes. Cette préoccupation
lui fit refuser de faire partie d'une académie que Manning entendait employer
à ces démonstrations. Vers la même époque, le *Rambler* ayant publié une critique assez vive des conférences données
sur ce sujet par Manning, celui-ci crut,
sur la foi de rapports inexacts, que Newman était l'auteur de l'article; aussi,
peu après, le dénonçait-il à Mgr Talbot
comme étant « le centre de ceux qui
étaient antiromains, pour ne rien dire
de plus, sur le pouvoir temporel (1) ».
N'allait-on pas jusqu'à raconter, à Rome,
que Newman avait souscrit pour Gari-

(1) *Life of Manning*, par PURCELL, t. II, p. 323.

baldi (1)? Ces accusations, s'ajoutant à celles dont le *Rambler* avait été l'occasion, épaissirent plus encore le nuage de suspicion dont Newman était enveloppé.

(1) T. II, p. 78.

IV

ANNÉES DE TRISTESSE ET DE DÉPRESSION

1859-1864.

Les années, dont il vient d'être question, de 1859 à 1864, marquent, dans la vie de Newman, ce que son biographe appelle l'époque des plus basses eaux, c'est-à-dire le moment de sa plus profonde dépression morale. Tout ce qu'il a essayé depuis qu'il est catholique a échoué; ceux qu'il voulait servir ont paru ne pas faire cas de ses services, ou l'ont écarté comme un suspect. L'œuvre qu'il jugeait capitale pour préserver la religion du danger actuel et qu'il se croyait apte à faire, on ne lui a pas permis de l'entreprendre. Il a le sentiment, suivant ses

6

propres paroles, « que seules les opinions
extrêmes sont en faveur, et que qui n'est
pas extravagant, est jugé un traître ».
Ayant dépassé la soixantaine, croyant sa
mort prochaine, sa carrière lui semble
terminée. Sur les sentiments de son âme
à cette heure de souffrance, M. Wilfrid
Ward nous apporte des témoignages d'un
prix inestimable et d'une vérité singulièrement émouvante ; ce sont des fragments
du journal intime où, sous l'impression
du moment, il s'épanche, pour lui seul,
avec une sincérité absolue. Cet homme,
d'ordinaire fermé aux curiosités d'autrui,
on le pénètre jusqu'au plus intime de son
être, on le saisit sur le vif de ses bles-
sures, avec sa sensibilité si aiguë qu'elle
ne le défend pas toujours de quelque
amertume, mais aussi avec sa candeur,
sa sincérité, la générosité et l'élévation
de ses vues, sa pensée toujours tendue

vers Dieu alors même qu'il ne peut se retenir de se plaindre des hommes. N'oublions pas d'ailleurs que ces paroles ne sont pas un jugement définitif et rendu à froid, mais le gémissement échappé en des heures d'angoisse.

On nous saura gré de reproduire des passages étendus de ces notes. Newman commence, à la date du 15 décembre 1859, par une méditation d'accent mélancolique, qui se tourne bientôt en prière :

Nemo mittens manum suam ad aratrum et respiciens retro, aptus est regno Dei. J'écris à genoux et sous le regard de Dieu. Qu'Il me soit miséricordieux! A mesure que les années viennent, j'ai moins de dévotion sensible et de vie intérieure. Je me demande si, en faisant abstraction de la grâce divine, il n'en est pas ainsi de tous les hommes. Dans notre jeunesse, la plus grande part de notre dévotion, de

notre foi, de notre espérance, de notre
confiance joyeuse, de notre persévérance,
est naturelle... Le poète grec, vieillard lui-
même, parle, dans le chœur dOEdipe à
Colone, de l'état peu aimable de la vieillesse. Les vieillards ont l'âme aussi raide,
aussi maigre, aussi pauvre de sang que le
corps, à moins que la grâce ne les pénètre
et les adoucisse. Et il faut, pour cela, un
torrent de grâce. J'éprouve un étonnement
de plus en plus grand devant les *vieux*
saints. Saint Louis de Gonzague, saint
François-Xavier ou saint Charles ne sont
rien auprès de saint Philippe. O Philippe!
obtenez-moi quelque chose de votre ferveur. Je vis de plus en plus dans le passé,
et dans l'espérance de voir revivre le passé
dans le futur. Mon Dieu, quand aurai-je
assez quitté le monde pour être sûr que,
même si je recherchais son amitié, il ne
rechercherait pas la mienne?

Lorsque j'étais jeune, je croyais avoir de
tout mon cœur renoncé au monde pour
Vous. Et, vraiment, de volonté, de désir et

d'intention, je l'ai fait. Je veux dire que
j'ai délibérément mis le monde de côté.
J'ai sincèrement demandé à Dieu de n'être
élevé à aucune dignité ecclésiastique.
Lorsque je me suis présenté au B. A., j'ai
prié, avec ferveur et à plusieurs reprises,
afin de ne pas obtenir d'honneurs, s'ils
devaient nuire à ma vie spirituelle. Plus
tard, étant dans les ordres anglicans, j'ai
prié, sans y mettre aucune réserve ni condition, pour n'avoir aucune élévation dans
l'Église. J'ai exprimé ce sentiment dans des
vers que j'écrivais, il y a une trentaine
d'années : « Refusez-moi la richesse, écar-
tez loin de moi, bien loin, l'appât du pouvoir et de la renommée. L'espérance
grandit dans les épreuves et la faiblesse,
l'amour et la foi dans le mépris du
monde. » Et ce n'était pas là seulement un
sentiment poétique, mais une volonté bien
arrêtée. Du moins, je le crois, Seigneur;
mais Vous, Vous le savez. Je savais ce que
je disais et que c'est Votre habitude
d'écouter ces sortes de prières et de pren-

dre les hommes au mot. Que pouvais-je
désirer de mieux que d'être ainsi pris au
mot par Vous? Pourtant, je ne suis pas sûr
que la grâce fût pour tout dans ce désir de
mon cœur... Ces prières venaient, pour
une bonne part, ce me semble, d'une témérité, d'une générosité, d'un entrain, d'un
optimisme et d'un désintéressement natu-
rels, quoique secondés, je le reconnais,
par Votre grâce. Je crois que ces prières
étaient bonnes et agréables à Vos yeux,
mais, en supposant que je revienne à ces
années écoulées, 1820, ou 1822, ou 1829,
avec mon moi présent, tel que je suis, je
me demande si je pourrais aujourd'hui
faire ces bonnes prières et prendre ces réso-
lutions généreuses, à moins que Vous ne
me dispensiez quelque don *immense* et
extraordinaire du trésor céleste de Vos
grâces. Et je dis cela, parce que je crois
que, quand la mort vient, elle fait sentir à
l'âme comme au corps son souffle glacé, et
que, à parler humainement, mon âme est
à demi morte maintenant, tandis qu'elle

était alors dans toute la fraîcheur et la ferveur de la jeunesse. C'est là, peut-être, ce
qui justifie le grave avertissement de l'auteur inspiré : *Memento Creatoris tui in die-
bus juventutis tuæ, antequam veniat tempus
afflictionis... antequam tenebrescat sol,* etc.

Mais, ô mon doux Seigneur, Vous pouvez tout changer. Le temps et l'espace ne
sont point des obstacles pour Vous. Vous
pouvez me donner la grâce qui convient au
moment où je suis. *Sicut dies juventutis
tuæ* (vous me l'avez dit dans le chapitre
qui m'a été si cher dès ma jeunesse), *ita
senectus tua.* Votre main n'est pas si fermée
qu'elle ne puisse se tendre pour nous sau-
ver. *Domine, opus tuum in medio annorum
vivifica illud ; in medio annorum nostrorum
facies.* Il est clair que ce que j'éprouve,
Vos serviteurs l'ont éprouvé, avant moi,
dans tous les temps. Job, Moïse et Habacuc
ont senti comme moi, il y a des milliers
d'années, et je puis Vous invoquer avec
leurs paroles immortelles.

O mon Dieu, ce n'est point par sentiment ni par exercice littéraire que j'écris ceci. Oh! débarrassez-moi de cette terrible couardise, car c'est elle qui est au fond de toutes mes misères. Lorsque j'étais jeune, j'étais hardi, car j'étais ignorant. Maintenant, j'ai perdu ma hardiesse, car j'ai acquis de l'expérience. Je suis devenu capable de mesurer ce qu'il en coûte d'être brave à Votre service, et c'est pourquoi j'ai peur devant le sacrifice. Voilà la seconde raison, en dehors et au-dessus de la décrépitude de mon âme, pour laquelle j'ai si peu de foi ou d'amour en moi (1).

Quelques jours plus tard, le 8 janvier 1860, Newman reprend cette sorte de confession. Cette fois, il parle plus directment de ce qui l'attriste et le trouble :

La dernière fois, j'avais quelque chose à dire, mais j'ai perdu le fil, et ma pensée a suivi un tout autre chemin. Maintenant, je

(1) T. Iᵉʳ, p. 574 à 576.

voudrais le retrouver, si possible. Depuis quelque temps, j'ai eu à subir, du fait des circonstances, une tentation particulière. J'ai beaucoup travaillé et peiné, depuis que je suis catholique; si je considère mes intentions dernières, je crois n'avoir jamais travaillé pour qui que ce soit au monde, mais bien pour Dieu seul. Cependant, j'ai un grand désir de plaire à ceux qui m'ont mis la tâche entre les mains. Après le jugement suprême de Dieu, j'ai désiré leur louange, quoique d'une manière différente. Or, non seulement je n'ai pas eu cette louange, mais j'ai eu à subir, sous diverses formes, le dédain et la malveillance. Parce que je ne me suis pas mis en avant, parce qu'il ne m'est pas venu à l'idée de dire : « Voyez ce que j'ai fait », parce que je n'ai pas fait taire les bavardages, flatté les puissances et lié ma cause avec tel ou tel parti, je ne suis rien. Je n'ai pas un ami à Rome, et, en Angleterre, j'ai travaillé pour être mal compris, diffamé, méprisé. J'ai travaillé en Irlande, en ayant une porte toujours fermée devant moi. Il semble que j'aie eu bien des échecs, et ce que j'ai réussi n'a pas été compris. Je ne crois pas mettre d'amertume dans cette constatation.

N'avoir pas été compris : c'est bien là le fait. J'ai vu que bien des choses manquaient aux catholiques, spécialement au point de vue de l'éducation, et naturellement ceux-là mêmes qui en souffraient, l'ignoraient. Ils ne comprenaient pas ou n'éprouvaient pas le besoin de ce qui leur manquait. Ils n'avaient aucune gratitude ni aucune considération pour celui qui essayait de leur apporter ce dont ils avaient besoin. Ils le considéraient bien plutôt comme un agité, un homme à lubies, enfin un homme à blâmer d'une manière ou de l'autre. Cela m'a naturellement replié sur moi-même, ou plutôt cela m'a donné la pensée de me tourner davantage vers Dieu. J'ai senti par là que, dans le Saint-Sacrement, est ma grande consolation, et que, du moment que j'ai Celui qui vit dans l'Église, les divers membres de l'Église, mes supérieurs, tout en ayant droit à mon obéissance, ne sauraient exiger mon admiration et ne me présentent rien qui m'oblige à leur donner ma confiance intime...

Jusque-là, c'est bien; du moins, ce n'est pas mal. Mais il arriva qu'au moment même où j'étais dédaigné par ceux pour lesquels je travaillais, les protestants se rapprochèrent de moi. Ces mêmes travaux, ces mêmes livres, que les catholiques ne comprenaient pas, les protestants les comprirent. Bien plus, par suite d'une coïncidence, les choses que j'écrivis il y a quelques années, quand j'étais protestant, et dont le mérite ou la force n'avaient pas été compris alors par les protestants, portent fruit maintenant chez eux. Ainsi certaines personnes me montrent de la sympathie, qui m'avaient délibérément combattu et annihilé, ces dix dernières années. Par suite, cette sympathie m'a poussé à en désirer une plus grande, tandis que je me sentais isolé et que je souffrais, non point tant de la froideur qu'on me montrait (un peu pourtant), que de l'ignorance, de l'étroitesse d'esprit, de l'aveuglement de ceux en qui je reconnaissais en même temps la foi, la vertu et la bonté. Et c'est ainsi que je suis certainement exposé à la tentation de faire attention à la louange protestante, sinon de la rechercher.

Maintenant, j'en viens au sens du texte par lequel je débutai le 15 décembre : « Quiconque met la main à la charrue..., etc. » Je suis précisément tenté de regarder en arrière. Oh ! non, pas cela, Seigneur, pas cela, avec Votre grâce ! Ce que j'ai voulu Vous dire alors, Vous demander, je Vous le demande encore. Quelle honte d'avoir peur de Vous le demander ! Je Vous l'ai souvent demandé, autrefois, bien avant que je fusse catholique. Oui, j'y ai fait allusion dans les mêmes termes qu'il y a trente ans. « Refusez-moi la richesse, etc. » Ce fut ma prière, tout le long de ma vie, — et Vous l'avez exaucée, — d'être méprisé

dans le monde. Maintenant, laissez-moi
Vous la redire encore. O Seigneur, bénis-
sez ce que j'écris et rendez-le fécond,
donnez-moi de faire beaucoup de bien,
d'avoir beaucoup de succès; mais qu'aucune louange ne m'en vienne pendant
ma vie. Que je continue à vivre, que je
meure ainsi que j'ai vécu jusqu'ici. Bien
avant de connaître saint Philippe, je désirais *nesciri*. Que je sache de plus en plus,
par votre grâce, *sperni* et *spernere me sperni*.

Pourtant, une ou deux choses me troublent encore; ô seigneur, aidez-moi, Philippe, aide-moi! 1° Que le mépris qui
s'attache à moi ne nuise pas à l'avenir de
mon Oratoire, dont je m'inquiète, quoique
je dusse simplement (et je le fais, ô mon
Dieu) le remettre entre Vos mains. 2° Et
encore, oh! apprenez-moi (car c'est un
sujet, qui, justement en ce moment, me
préoccupe beaucoup, pour quoi j'ai beaucoup prié et j'ai dit des messes), apprenez-
moi comment m'employer de la manière
la plus profitable, la plus utile à Votre

gloire, dans les années qui me restent;
car mon insuccès apparent me décourage
beaucoup. O mon Dieu, il me semble que
j'ai perdu ces années où j'ai été catholique. Ce que j'ai écrit comme protestant a
eu une portée, une force, une significa-
tion, un succès bien plus grands que mes
œuvres catholiques, et cela me trouble
beaucoup (1)...

Plus de deux années se passent et, le
21 janvier 1863, Newman rouvre son
journal :

Lorsque j'écrivis les premières lignes
de ce cahier, je pensais continuer ces ré-
flexions de temps à autre; mais j'ai éprouvé
une grande répugnance à le faire. Je n'ai
pas relu, depuis, ce que j'avais écrit alors,
et je ne m'en souviens pas, sinon qu'il
était question du *Rambler*. Ce matin, en
m'éveillant, le sentiment que j'étais un

(1) T. Iᵉʳ, p. 576 à 578.

embarras, fut si vif que je ne pouvais prendre sur moi d'aller à ma douche. Je me disais : A quoi cela sert-il d'essayer de garder ou d'augmenter sa force, s'il n'en sort rien? A quoi cela sert-il de vivre pour ne rien faire?...

Sans doute, les premières années sont, humainement parlant, les meilleures, et les événements sont encore embellis par l'éloignement. Je me rappelle avec tendresse mes années d'Oxford et de Littlemore. C'était le moment où j'avais une mission admirable. Mais comme je suis changé, même d'extérieur! Jusqu'au *Tract 90* et à ma retraite à Littlemore, j'avais la bouche à demi ouverte, et un sourire habituel sur la figure, — et maintenant, ma bouche est fermée et contractée; les muscles sont si tendus que je ne puis m'empêcher d'avoir l'air grave et rebutant. Déjà, en 1847, comme je traversai le Vatican avec Dalgairns, il s'arrêta devant une statue de la Destinée qui était très frappante de sévérité et de mélancolie, et il me dit : « A qui cela peut-il ressembler? Je connais si bien cette figure! » Puis il ajouta : « Mais, c'est vous! » Maintenant, j'ai tellement le sentiment de mon air rébarbatif, que je n'aime guère voir du monde. Cela a commencé quand j'ai tourné mon visage vers Rome; et depuis que j'ai fait le grand sacrifice que Dieu me demandait, Il m'a récompensé de mille manières. Oh! combien! Mais Il a marqué mon chemin de mortifications presque incessantes. Ce fut Sa sainte volonté de ne m'accorder que bien peu de succès dans la vie. Je doute de pouvoir me rappeler un événement joyeux en ce monde, si ce n'est mon *scholarship*, à Trinity College, et mon *fellowship*, à Oriel. — Mais, depuis que je suis catholique, il me semble que, personnellement, je n'ai rien eu que des échecs...

Puis, à propos des oppositions et des méfiances qu'il a rencontrées, il ajoute :

Je les note, non point pour elles-mêmes, car saint Philippe en connut surabondamment de pareilles, mais parce qu'elles ont (suivant toute apparence) réussi à détruire mon influence et mon utilité. Des personnes qui se seraient naturellement tournées de mon côté, des convertis qui seraient naturellement venus à moi, des gens qui m'auraient naturellement consulté, sont arrêtés par quelque parole légère ou malveillante sur moi. Je suis *passé*, en déclin; je suis indigne de confiance; je suis étrange, bizarre; j'ai mes voies à moi et je ne puis m'entendre avec les autres. Ceci ou cela est dit pour me discréditer.

Newman reconnaît que Dieu a permis que son nom fût attaché à des œuvres bienfaisantes, par exemple l'introduction de l'Oratoire en Angleterre, mais il regrette de n'avoir pu faire aucune de celles pour lesquelles il se croyait particulièrement désigné. On n'attendait de lui, dit-il, que des conversions et surtout

7

des conversions de grands personnages;
il a une autre conception de son rôle :

Mon objectif, mon idéal d'action, mes
facultés sont dans une direction différente,
qui n'est ni comprise, ni envisagée, à
Rome ou ailleurs... Pour moi, les conversions n'étaient pas la première chose à
faire : ce qu'il fallait d'abord, c'était d'édi-
fier — dans le sens de construire — les
catholiques. J'ai tant insisté sur ce point
qu'on répète, dans le monde, que je re-
commande aux protestants de ne pas se
faire catholiques. En disant, ce qui est mon
opinion véritable, que j'ai peur de faire
des conversions hâtives de gens instruits,
par crainte qu'il n'aient pas envisagé ce
qu'il leur en coûterait, et qu'ils n'aient des
difficultés une fois entrés dans l'Église, je
ne fais que dire ceci : c'est que l'Église doit
être préparée pour les convertis, aussi bien
que les convertis doivent être préparés
pour l'Église. Comment ceci peut-il être
compris à Rome? Que savent-ils là de
l'état d'esprit des catholiques anglais? de

l'état d'esprit des protestants anglais? Que savent-ils de l'antagonisme existant entre le protestantisme et le catholicisme en Angleterre? Quant aux catholiques anglais, à raison même de leur aveuglement, ils ne voient pas qu'ils sont aveugles. Viser à améliorer leur position, l'état du corps catholique, par un examen attentif de leur base d'argumentation, de leur situation en présence de la philosophie et de la direction prise aujourd'hui par les esprits, essayer de leur donner des idées plus justes, d'élargir et d'affiner leurs esprits, en un mot faire leur éducation, c'est à leurs yeux pis qu'une superfluité ou une manie, c'est une insulte. Cela implique qu'il leur manque quelque chose. Bref, l'éducation, dans le sens large du mot, a été, du commencement à la fin, ma ligne (1).

Les plaintes auxquelles Newman se laissait aller dans son journal, seul en

(1) T. Ier, p. 582 à 585.

face de soi, nous les retrouvons dans les lettres qu'à cette époque il adresse à ses intimes. A M. W. Froude, il écrit, le 28 février 1860, qu'il est « dans un état d'épreuve chronique », et il ajoute :

Cela a été mon lot depuis beaucoup d'années, les nuages revenant toujours après la pluie, ou encore, comme je l'ai déjà dit, des pierres météoriques tombant autour de moi, comme celles qui tombent ordinairement du ciel au mois de novembre. Je puis presque dire que, depuis plus d'années que je n'en puis compter, il ne m'est pas arrivé un événement heureux (1).

Mêmes plaintes dans une lettre adressée, le 19 mai 1863, à miss Bowles :

Ne vous préoccupez pas de *moi*. Dieu se sert de ses instruments à son gré. *Hunc*

(1) T. Iᵉʳ, p. 602.

humiliat et hunc exaltat. Pour moi, je me sens tout aussi plein de pensée et de vie que jamais, mais une chaîne invisible me retient, une barrière m'arrête lorsque j'essaye de faire quelque chose, et la seule raison pour laquelle je ne goûte pas la joie d'être hors de la mêlée, c'est que je sens en moi-même que je pourrais y faire beaucoup. Mais, en fait, je ne le pourrais guère. J'entrerais en conflit avec tous ceux que je rencontrerais. Je marcherais sur les pieds de tout le monde (1).

A la même correspondante, il écrit, quelques jours plus tard :

Il me semble souvent que je suis bien peu conséquent avec moi-même, en disant que j'aime la retraite, et en montrant que je supporte avec tant d'impatience d'agir si peu, et cependant je crois que cette inconséquence n'est qu'apparente. J'ai dit autrefois à l'évêque d'Oxford, dans la

(1) T. Iᵉʳ, p. 586.

lettre que je lui écrivais, à propos du
Tract 90, que je m'étais mis en avant
parce que personne autre ne l'avait fait, et
que je me réjouissais de revenir à cette
vie privée que j'appréciais plus que tout.
Lorsque je me fis catholique, je crus ne
devoir jamais écrire de nouveau, en dehors
de sujets définis et peu excitants, tels que
l'histoire, la philosophie ou la critique;
et que, si je devais le faire sur des sujets
de controverse, ce ne serait point cependant sur de la théologie proprement dite.
Lorsque je vins ici, où je suis resté qua-
torze ans, je me suis voué volontairement
à une vie d'obscurité, qui est celle que
je préfère au fond du cœur. Autrefois
comme maintenant, la routine de chaque
jour suffit à occuper mes pensées et mon
temps. Je n'ai point de temps libre. J'ai
eu à surveiller les agrandissements suc-
cessifs de notre église, à ranger la biblio-
thèque, à prendre pas mal de peine avec
notre musique, et encore plus avec nos
comptes. Puis il y a eu mon engagement

de Dublin, et maintenant c'est notre école. Pour l'instant je suis sacristain, tant nous sommes à court de main-d'œuvre. Les choses semblent s'ordonner pour moi, sans que j'aie eu à y manifester ma volonté.

Je ne suis pas seulement content, mais tout à fait heureux que les choses soient ainsi. Cependant il est certaines considérations qui me troublent de temps à autre : d'abord, la peur que ce ne soit, en quelque mesure, ma faute d'être là où je suis, car je me dis alors : « Peut-être ai-je enfoui mon talent sous terre. » Puis des gens me disent : « Pourquoi ne faites-vous pas plus? Vous pourriez tant faire! » Et comme je crois que je pourrais faire beaucoup, si on m'en laissait le moyen, je deviens inquiet. Enfin, tout en étant désireux de suivre la chère règle de saint Philippe, qui nous dit de « mépriser le mépris », lorsque je vois que le mépris et le dédain qui m'entourent, nuisent, par contre-coup, à mon Oratoire, comme il est déjà arrivé, alors je deviens impatient (1).

Les déboires de sa vie catholique portent parfois Newman à se reporter vers les heures plus heureuses du passé, vers les belles années d'Oxford. Précisément, en ces années 1862 et 1863, il commence à renouer, avec quelques-uns des plus chers amis de cette lointaine époque, demeurés anglicans, les amitiés si douloureusement interrompues par sa conversion. Dans les lettres qu'il adresse alors à ces amis retrouvés, il semble avoir oublié ses peines; il se plaît à évoquer les souvenirs du passé avec un enjouement attendri. Et quels accents il trouve pour leur dire son affection! A Keble, il écrit :

Il y a toujours en moi, pour vous, une pensée de vénération et d'amour; il n'est

(1) T. Iᵉʳ, p. 589-590.

rien que j'aime mieux que vous, et Isaac, et Copeland, et plusieurs autres que je pourrais nommer, excepté Celui que je dois aimer mieux que tous et par-dessus toutes choses. Puisse-t-Il, Lui qui est la compensation surabondante pour toutes les pertes, me donner Sa propre présence, et alors je n'aurai besoin de rien, je ne désirerai rien ; mais nul autre que Lui ne peut combler le vide causé par la perte de ces vieilles figures si chères qui me hantent sans cesse (1).

Ceux dont Newman parle si tendrement, lui rendent les mêmes sentiments. Quand Frédéric Rogers le revoit pour la première fois, il fond en larmes et il ne veut pas lui lâcher les mains, s'écriant : « Combien vous êtes changé ! (2) »

Ce retour ému vers le passé, ce réveil des anciennes amitiés n'impliquait pas,

(1) T. Iᵉʳ, p. 591.
(2) *Ibid.*, p. 611.

chez Newman, un regret d'avoir quitté
l'Église où tant de sympathies l'avaient
entouré, pour celle où il se sentait mal
jugé. Il est vrai qu'à voir ses mécomptes
répétés, on commençait à murmurer, en
divers endroits, que, mal à l'aise dans sa
nouvelle foi, il songeait à l'abandonner.
Certains catholiques fournissaient créance
à ce bruit, quand ils mettaient en doute
son orthodoxie. C'étaient tantôt un converti qui lui faisait confidence de ses
doutes, en arguant pour sa justification
qu'il le croyait, lui aussi, ébranlé, tantôt
un clergyman protestant qui s'offrait à
lui aplanir la voie du retour (1). Newman
était fort impatienté de ces rumeurs, et,
trouvant un jour sa défection formellement annoncée par un journal, il lui envoya ce démenti qu'il fit à dessein « rude,

(1) T. Iᵉʳ, p. 581.

insultant », disait-il, pour détruire définitivement ces faux bruits :

Ma foi dans l'Église catholique n'a pas
été un instant ébranlée depuis que j'ai été
reçu dans son sein. Je tiens et j'ai toujours
tenu que le Souverain Pontife est le centre
de l'Unité et le Vicaire du Christ; et j'ai
toujours eu, et j'ai encore, une foi sans
nuage dans tous les articles de son *Credo,*
une suprême satisfaction dans son culte,
dans sa discipline et dans son enseignement,
et un ardent désir, une espérance contre
l'espérance que les nombreux amis que j'ai
laissés dans le protestantisme, viendront un
jour partager mon bonheur.

Tel étant mon état d'esprit, ajouter,
comme je le fais ici, que je n'ai pas et que je
n'ai jamais eu l'intention de quitter l'Église
catholique pour redevenir protestant, serait
superflu, si les protestants n'étaient toujours à guetter quelque faux-fuyant ou
échappatoire dans une déclaration catholique. Aussi, en vue de leur donner pleine

satisfaction, s'il est possible, je professe,
par ces présentes, *ex animo,* avec un assentiment absolu de mon esprit, que le
protestantisme est la plus triste des reli-
gions ; que l'idée seule d'un service anglican me fait trembler, que la pensée des
Trente-neuf articles me fait frissonner.
Retourner à l'Église d'Angleterre! Non!
« Le filet est rompu et nous sommes
délivrés. » Je serais fou à lier (pour user
d'un terme modéré), si, dans ma vieillesse,
je quittais « la terre où coulent le lait et le
miel » pour la cité de confusion et la maison de l'esclavage (1).

Il se plaisait à répéter, en toute occasion, ces déclarations de fidélité. « J'ai
toujours été, écrit-il en 1864, dans la
paix et la satisfaction les plus complètes,
depuis que je suis devenu catholique, et
j'ai trouvé, dans les prescriptions du

(1) T. I⁰ʳ, p. 580-581.

catholicisme, un pouvoir de vérité et une force divine qui n'existent, je crois, nulle part ailleurs (1). » Et, un peu plus tard, à qui lui demandait s'il n'avait pas regret de s'être séparé de ses vieux amis de l'Église anglicane, il répondait :

Ma blessure profonde fut avant de les quitter et au moment de les quitter ; elle fut guérie, une fois l'acte accompli, au moins pour ce qui m'est personnel, et sauf ce que j'ai ressenti de leur propre chagrin... J'ai trouvé dans l'Église catholique beaucoup de courtoisie, mais, sauf quelques exceptions, très peu de sympathie chez les personnes occupant des positions élevées. Seulement il y a une profondeur et une puissance dans la religion catholique, une plénitude de satisfaction dans son *Credo,* sa théologie, ses rites, ses sacrements, sa discipline, et, malgré tout, une

(1) T. Ier, p. 570.

liberté et un soutien, devant lesquels le
fait d'avoir été négligé et méconnu par
quelques personnes vivantes, si haut placées
qu'elles soient, n'est rien plus que de la pous-
sière, quand on le pèse dans la balance. Là
est le vrai secret de la force de l'Église,
le principe de son indéfectibilité et le lien
de son indissoluble unité. C'est le gage et
le commencement du repos du ciel (1).

Admirables paroles qu'il était indispensable de citer après les plaintes de
tout à l'heure, et sans lesquelles on ne
se fût pas fait une idée juste de cet esprit
compliqué. N'en peut-on pas rapprocher
les vers d'une si haute sérénité qu'il écrivait à ce même moment? Car le poète
qui était en lui n'était jamais mieux inspiré qu'aux heures où la pensée de l'invisible l'élevait davantage au-dessus des
agitations terrestres. Voici ces vers dont

(1) T. Iᵉʳ, p. 201.

une traduction ne peut rendre que bien
imparfaitement le charme poétique :

LES DEUX MONDES

Dévoilez-Vous, Seigneur, et faites briller sur nous
    Votre gloire et Votre grâce.
L'éclat de ce monde pâlit devant
    La beauté de Votre face.

Tant qu'on ne Vous a point vu, ce monde semble
    Une sorte de pays féerique,
Où des soleils éclairent sans trêve le ciel,
    Où les fleurs et les fruits abondent.

Mais lorsque Votre rayon plus vif et plus pur
    Se répand sur nous,
La terre perd tout son pouvoir et son charme,
    Et ce qui était le jour devient la nuit.

Ses travaux les plus nobles deviennent alors le fouet
    Qui a fait couler Votre Sang.
Ses joies ne sont plus que les épines perfides
    Qui ont entouré Votre front.

Ainsi, lorsque nous renonçons pour Vous
Aux ambitions et aux inquiétudes d'ici-bas,
    Aux doux souvenirs du passé,
    Aux espoirs des années à venir,

Notre sacrifice est bien peu de chose pour nous, dont
[les yeux
   Reçoivent la lumière d'En-haut ;
Nous donnons ce que nous ne pourrions garder,
   Ce que nous avons cessé d'aimer.

On le voit, au milieu même du nuage dont il se plaignait parfois d'être enveloppé, la « bienfaisante lumière » à laquelle, trente ans auparavant, dans un autre poème célèbre, il demandait sa direction, — *Lead kindly light* (1), — continuait à l'éclairer et à le guider. A travers les épreuves qui lui arrachaient, à certaines heures, des cris de douleur si poignants, subsistaient, au fond de son âme, la joie, la confiance, la paix qu'il avait trouvées, dès sa conversion, dans le catholicisme, et qu'il n'avait jamais connues auparavant. Aussi a-t-on pu proposer pour devise à cette partie de sa vie

(1) Voir *la Renaissance catholique en Angleterre au dix-neuvième siècle*, Iᵉ partie, p. **63-64**.

catholique, celle qui était inscrite au début d'un livre de prière d'origine béné-
dictine : le mot *Pax* encerclé dans une
couronne d'épines.

Puis, à défaut du présent, il espérait
dans l'avenir, non pour lui-même, mais
pour ses idées après lui. Il comparait sa
situation à celle des âmes du purgatoire,
qui souffrent beaucoup, mais qui ont,
de leur salut final, une assurance que
n'ont pas les hommes sur terre. En février 1864, à un jésuite qui lui avait
écrit une lettre affectueuse, — les jésuites, en général, lui ont toujours témoi-
gné de la sympathie, — il répondait :

Laissez-moi vous dire que je prends cette
longue pénitence de calomnie et d'impo-
pularité qui m'est infligée depuis trente
ans,... comme le prix que je paie pour la
victoire, ou au moins pour la grande exten-
sion, des principes qui me tiennent tant au

8

cœur; et je pense que, durant ma vie, je continuerai à payer ce prix, parce que j'ai confiance que, bientôt après ma vie, ces principes se répandront (1).

Pour le moment, toutefois, Newman n'en demeurait pas moins impopulaire, suspect, impuissant, en butte au ressentiment de l'opinion protestante qui ne lui pardonnait pas sa conversion, mal vu de beaucoup de catholiques auxquels on avait fait croire que sa doctrine n'était pas sûre. Son ancien prestige des belles années d'Oxford était évanoui. Les générations nouvelles ne pensaient pas à lui. Ses livres ne se vendaient plus, et il était découragé d'en écrire de nouveaux. Suivant sa propre expression, il était *passé*. S'il était mort au commencement de 1864, dans sa soixante-quatrième année,

(1) T. Ier, p. 593.

sa vie, si féconde et si brillante durant sa
période anglicane, eût été, dans sa partie
catholique, une faillite, et cette histoire
se fût terminée sous une impression singulièrement triste. Mais Dieu veille ; dans
sa justice, il ne voudra pas prolonger jusqu'au bout l'épreuve de son généreux
serviteur ; dans sa miséricorde, il épar-
gnera aux catholiques la responsabilité
d'avoir éteint, jusqu'à la fin, une si pure
lumière et d'avoir méconnu la grande
force qui leur avait été apportée. Au commencement de 1864, le hasard d'une attaque qui mettait en question la sincérité
de Newman et celle de ses frères du sa-
cerdoce catholique, le décide soudaine-
ment à rompre le silence ; en quelques
semaines, sous l'empire d'une sorte de
fièvre, il écrit l'*Apologia pro vitâ suâ*. Du
coup, les esprits sont retournés, les cœurs
conquis : aux yeux de ses compatriotes,

protestants et catholiques, son prestige
est rétabli, et pour toujours; première
réparation, en attendant celle, plus complète et plus éclatante encore, qui se pro-
duira quinze ans plus tard et qui, cette
fois, viendra de Rome.

V

NEWMAN EST EMPÊCHÉ, A DEUX REPRISES,

DE S'ÉTABLIR A OXFORD

1864-1867.

Ce qu'était l'*Apologia,* quels en furent l'origine et le prodigieux succès, je l'ai dit ailleurs (1) et je n'y reviens pas. Il importe seulement de préciser en quoi la situation de Newman, vis-à-vis des catholiques, s'en trouve changée. La popularité et le prestige qu'il a reconquis, rejaillissent sur ses coreligionnaires, et ceux-ci, en général, se réjouissent d'une victoire dont ils partagent le profit ; le clergé exprime sa gratitude

(1) *La Renaissance catholique en Angleterre au dix-neuvième siècle,* seconde partie, p. 345 et sq.

dans des adresses ; Mgr Ullathorne saisit
cette occasion pour louer publiquement
les services que Newman, depuis 1845,
a rendus à l'Église. Sans doute, les *extremists*, au fond, ne désarment pas ; ce succès, loin de les réjouir, les inquiète et
les irrite, d'autant qu'il leur est impossible de ne pas se reconnaître dans les
exagérations que Newman, sous couleur
de répondre à l'attaque protestante, désa-
vouait à la fin de l'*Apologia*. A Rome,
le nuage subsiste. Toutefois, force est
d'avoir égard au grand service que l'auteur vient de rendre à la cause catholique, et de tenir compte de la satisfaction reconnaissante que lui témoignent
ses coreligionnaires d'Angleterre. Les
plus hostiles eux-mêmes sentent la nécessité de ménager celui qui devenait
une puissance ; à la suggestion de Manning, Mgr Talbot écrit à Newman une

lettre, pleine de protestations flatteuses, pour l'inviter à venir à Rome prêcher dans son église. L'invitation est déclinée.

Newman jouit de son succès. Après avoir été si longtemps méconnu, il lui est doux d'être salué comme le champion victorieux du catholicisme, dans une bataille qui a fixé l'attention du monde anglais. Les pensées de tristesse morbide qui le hantaient naguère, sont dissipées. Il retrouve, dit son biographe, « le calme, la paix et ce sentiment du triomphe » qu'il a perdus depuis tant d'années. Lui-même note, sur son journal intime, qu'il reprend confiance en soi et qu'il se sent en train pour de nouveaux travaux (1).

Une occasion s'offre bientôt. Ayant

(1) T. II, p. 48.

trouvé à acheter un terrain assez étendu
à Oxford, Newman forme, en 1864, le
dessein d'y fonder une mission de l'Oratoire. Son but est double : d'abord offrir
un centre de vie religieuse aux jeunes
étudiants catholiques qui commençaient
à profiter de ce que, depuis 1854, la
porte des universités d'Oxford et de Cam-
bridge ne leur était plus fermée ; en
second lieu, se servir du prestige dont il
avait joui autrefois dans ce grand foyer
de vie intellectuelle et qu'il espère y
retrouver après l'*Apologia*, pour agir
sur la direction des esprits, les disputer
à la libre-pensée et les reconquérir à
la foi. Il est plein de confiance. Son
évêque, Mgr Ullathorne, l'encourage ;
c'est même lui qui a eu la première idée
de la fondation. Les catholiques anglais
prennent à cœur l'entreprise et se montrent prêts à fournir l'argent nécessaire.

D'Oxford, un des amis de Newman lui
écrit : « Si je ne l'avais pas vu de mes
yeux, je n'aurais pas cru à la force de
l'attachement — car c'est le mot —
que tous les partis ici ressentent pour
vous. » Le dignitaire de l'un des collèges l'assure « que chacun lui fera bon
accueil à Oxford ». Un étudiant lui
mande : « Vendredi dernier, le bruit a
couru que vous étiez à Oriel, *incognito;*
cela causa une grande excitation. Je suis
sûr que si l'on savait que vous dussiez
venir un jour déterminé, la plus grande
partie de l'université vous escorterait
en procession dans la ville. » En com-
muniquant ces nouvelles à un ami,
Newman ajoute : « Pour un début, cela
donne de l'espoir. Tout le cours des
choses a été merveilleux, et il me semble
qu'il y a là, pour moi, une invitation à
le suivre, sans regarder devant moi où

il me mène. Si nous arrivons à un
cul-de-sac, nous reviendrons en arrière (1). »

Mais pendant que Newman se félicite
de ces heureuses nouvelles, Manning et
Ward se remuent pour faire échouer le
projet. Ils ne veulent pas de Newman à
Oxford, pour deux raisons : la première
est que sa présence encouragerait les
jeunes catholiques à venir à l'université,
ce qu'ils jugent dangereux ; la seconde
est que, sur un tel théâtre, Newman aurait plus d'influence pour répandre ses
doctrines. Manning pèse sur Wiseman
vieilli, et l'amène à réprouver la fréquentation universitaire que celui-ci voyait
naguère de bon œil ; par le cardinal, il
entraîne les autres évêques dont plusieurs ne le suivent qu'à contre-cœur ; il

(1) T. II. p. 62.

n'a pas de peine à obtenir l'adhésion de la Propagande, naturellement hostile à toute « éducation mixte ». Ainsi, en décembre 1864, arrive-t-il à faire prendre, par les évêques, une délibération qui déclare inopportune la fondation d'un Oratoire à Oxford et qui détourne les catholiques d'envoyer leurs enfants aux universités.

Newman écrit aussitôt à Mgr Ullathorne qu'il renonce à son projet, et il revend à l'université le terrain qu'il avait acheté. « Ce fut encore la sainte volonté de Dieu, écrit-il à une amie, le 28 décembre, de m'envoyer des contretemps. En somme, à regarder l'ensemble de ma vie, je suppose qu'il se sert de moi, mais, en vérité, à la considérer dans ses parties séparées, ce n'est qu'une vie d'échec(1). »

(1) T. II, p. 67.

Les autorités religieuses lui paraissent
méconnaître la situation réelle de l'Angleterre; il s'en explique dans une autre
lettre :

Il est bien clair que l'Église devrait
avoir des universités à elle. Elle le peut en
Irlande; elle ne' le peut pas en Angleterre,
pays protestant. Comment préparerez-vous
les jeunes catholiques à tenir leur rôle
dans la vie, à occuper des situations dans
un pays protestant, sans qu'ils aillent aux
universités anglaises? Impossible. Ou bien
ne permettez pas qu'ils se prévalent de
ces privilèges, du droit d'entrer au Parle-
ment, de siéger à la Chambre des lords, de
devenir hommes de loi, commissaires, etc.,
ou laissez-les aller là où seulement ils
peuvent se mettre de pair avec les protestants... pourquoi n'êtes-vous pas conséquent et ne défendez-vous au jeune catholique d'entrer dans une Académie telle
que Woolwich (école militaire)? Il peut
courir autant de danger pour sa foi et

ses mœurs à Woolwich qu'aux universités (1).

Quelques amis de Newman l'engagent
à se rendre à Rome, où l'on ne connaît
la question que par ce que ses adversaires
y ont fait parvenir. Il croit la démarche
inutile ; la Propagande a laissé voir
qu'elle se jugeait suffisamment instruite
par Mgr Talbot. A une amie qui le presse
de faire ce voyage, il répond : « Vous
dites ce que vous feriez dans mon cas, si
vous étiez homme ; je dirais plutôt ce
que je ferais, dans mon cas, si j'étais
femme ; car ce fut sainte Catherine qui
conseilla un Pape et cela avec succès ;
mais saint Thomas de Canterbury et saint
Edmond essayèrent et échouèrent (2). »
On ne peut, du reste, s'empêcher de sou-

(1) T. II, p. 70.
(2) *Ibid.*, p. 68.

rire en voyant l'espèce de terreur ner-
veuse qu'a toujours causée à cet Anglais
si pleinement anglais, la seule idée d'un
voyage à Rome : « M'appeler à Rome,
écrivait-il peu auparavant, à quoi cela
aboutit-il? Cela aboutit à séparer un vieillard de son *home,* à l'obliger d'entrer en
rapport avec des gens dont il n'entend
pas la langue, à le condamner à une
nourriture qui le fait presque mourir de
faim, à des manières de vivre qui impli-
quent des jours et des nuits sans repos.
Cela aboutit encore à l'obliger à faire le
pied de grue auprès de la Propagande,
pendant des semaines, pendant des mois.
Bref, cela aboutit à sa mort. Ce fut le
châtiment qu'on infligea au docteur
Baines, de le tenir un an à la porte de la
Propagande, en 1840-41 (1). » Avec cette

(1) T. Iᵉʳ, p. 588.

« passivité » que j'ai notée comme un des traits de son caractère, il préfère s'arrêter devant l'obstacle. « Nous sommes, écrit-il, dans un temps de transition, et nous devons attendre patiemment, bien qu'il se puisse que la tempête dure toute notre vie. » D'ailleurs, il ne désespère pas qu'un jour vienne, plus tard, où les portes d'Oxford ne seront plus fermées aux jeunes catholiques. « Il se peut, dit-il, qu'un autre pontife, dans une autre génération, révoque tout cela (1). » Cela s'est trouvé être une prophétie : aujourd'hui, la fréquentation des universités n'est plus interditc aux catholiques, et, de l'aveu de tous, aucun des inconvénients redoutés ne s'est produit.

Il a été pénible à Newman de se voir, une fois encore, barrer la route par l'au-

(1) T. II, p. 69 et 71.

torité religieuse. Toutefois, dans le journal intime où il a pris l'habitude d'épancher, avec un si complet abandon, les
sentiments qui agitent son âme, les pensées qui traversent son esprit, on ne retrouve pas cette dépression découragée
et souvent amère qui, durant les années
précédentes, se trahissait presque à
chaque page; c'est la marque du changement opéré depuis l'*Apologia*. Il écrit,
le 22 février 1865 :

Je viens de relire ce que j'écrivais le
21 janvier 1863. Ma disposition d'esprit
est maintenant si différente de ce qu'elle
était alors, qu'il faudrait beaucoup de
paroles pour le dire. Tout d'abord, je me
suis endurci contre l'opposition qui m'a
été faite, et je ne me chagrine plus,
comme je le faisais alors, des mauvais trai-
tements qui me viennent de la part de certains catholiques influents... Je ne sais si
cette tranquillité est un meilleur état d'es-

prit que cette anxiété. Chaque année, je
me sens de moins en moins inquiet de
plaire à la Propagande, me rendant compte
qu'ils ne *peuvent pas* comprendre l'Angleterre... De plus, l'an dernier, il s'est produit en ma faveur comme une étonnante
délivrance : c'est l'effet de la controverse
dont mon *Apologia* a été l'événement. Par
une bénédiction merveilleuse, pendant que
je regagnais ou plutôt que je gagnais la
faveur des protestants, je recevais l'approbation — dans des adresses formelles
— d'une bonne partie du corps ecclésiastique. Les catholiques ont été hautement
satisfaits de moi, parce que je leur rendais
service, et je me trouvai, avec eux, sur un
pied tout à fait différent de ma situation
antérieure. En 1862, j'étais, sous le rapport de la popularité, au point le plus bas,
mais, par la force même de ma descente,
je préparais un rebondissement... Ma tentation actuelle est de trop priser les
louanges des hommes, particulièrement
celles des protestants, et de perdre une

9

partie de cette sensibilité à l'égard des louanges de Dieu, qui est un devoir si élémentaire.

Pour toutes ces raisons, quoique je sente vivement la condition où je suis réduit, de ne rien faire, je n'en suis pas si peiné, à la fois parce que, par mon *Apologia,* il me semble que je travaille *indirectement,* et parce que le succès de ce travail m'a mis en train de chercher d'autres moyens de faire du bien, que la Propagande en ait cure ou non... Le projet d'Oxford a été pour le moment renversé, — probablement pour mon bien, — et, ce matin même, j'ai signé le contrat par lequel je vends mon terrain à l'Université. L'impression de Bellasis, d'après ce qu'il a vu à Rome, est que Manning était plus monté encore contre l'idée de me voir, *moi,* aller à Oxford, que contre celle de voir les jeunes catholiques y aller. Et maintenant, me voici de nouveau rejeté dans ma vie d'inaction *(on my do-nothing life),* et cependant, ô merveille! que cela vienne de l'habitude, de l'insouciance, ou de mon récent succès, mes sentiments d'abattement et d'irritation semblent s'en être allés (1).

Dès la fin de 1865, Newman eut occasion de montrer que ce nouveau mécompte n'avait en rien découragé son zèle pour le service du catholicisme. A la suite d'incidents que j'ai racontés ailleurs (2), Pusey avait publié, en vue de la réunion des Églises, ce qu'il appelait un *Eirenicon* : il y déclarait l'accord possible sur les dogmes essentiels, mais il attaquait le « système pratique du Romanisme », comprenant, sous ce nom, à la fois des exagérations que l'Église ne sanctionne pas et les dévotions les plus respectables, telles que le culte de la

(1) T. II, p. 72-73.
(2) Voir *la Renaissance catholique en Angleterre au dix-neuvième siècle*, IIIe partie, chap. 1.

Vierge. Les catholiques, émus, blessés
de ces attaques, sentaient le besoin qu'il
y fût répondu et tournaient les yeux vers
Newman. Celui-ci eût désiré ne plus se
mêler aux controverses, et il lui était particulièrement pénible de prendre à partie
son cher Pusey ; il croit cependant que
l'autorité même que lui a acquise l'*Apologia*, lui fait un devoir de se charger de
cette réponse. Il publie donc, en décembre 1865, une « Lettre au Dr Pusey »
dans laquelle une admirable apologie du
culte de Marie venge le sentiment catholique sur le point où il a été le plus douloureusement atteint ; il a garde toutefois
de rebuter ce qu'il y avait de désir sincère d'union chez celui qu'il combat ; en
outre, comme dans l'*Apologia*, il saisit
cette occasion de désavouer certaines
exagérations compromettantes qui ont
fourni prétexte aux critiques de Pusey.

Les catholiques d'opinion extrême, qui se sentent atteints par ce désaveu, médiraient volontiers d'une publication dans laquelle Mgr Talbot prétend découvrir des doctrines « très *uncatholic* et *unchristian* » ; mais ils sont intimidés par le grand succès obtenu dans la masse de l'opinion religieuse. Plusieurs évêques écrivent à l'auteur pour le féliciter. Par cet incident succédant de si près à l'*Apologia,* il est définitivement prouvé, pour les esprits non prévenus, qu'aux heures où le catholicisme a besoin d'être défendu devant l'opinion anglaise, il faut recourir à celui qu'en tant de circonstances, on a paru vouloir tenir à l'écart.

Newman, qui n'est pas enclin aux illusions optimistes, a le sentiment que ses idées gagnent du terrain, sans que cependant il croie le moment venu de se

mettre personnellement en avant. Il écrit
à une amie, le 16 avril 1866 :

J'ai introduit le bout étroit du coin et
j'ai fait une fente. Je crains que cette fente
ne se produise violemment et irrégulière-
ment, et je pense qu'en retirant le coin, il
y a chance qu'elle s'accroisse d'elle-même
naturellement. Tout ce que je vois me
confirme dans mes vues. De toutes les parties du pays m'arrivent des lettres approu-
vant ce que j'ai fait jusqu'ici. Moins je
ferai moi-même, plus les autres feront. Il
n'est pas bon de se mettre soi-même trop
en avant. Les Anglais n'aiment pas être
menés. Je suis sûr qu'il est de bonne politique de rester tranquille maintenant... Il
vaut mieux ne pas faire une chose, que de
la faire mal. Il faut être patient et se fier à
Dieu. Si c'est Sa Volonté que je fasse
davantage, Il m'en donnera l'occasion.

Et la lettre se termine par ces lignes :

Vous serez contente d'apprendre — ce
qui est pour le moment un grand secret —

que nous allons vraisemblablement finir par avoir une maison à Oxford. Soyons patients et tout ira bien (1).

En effet, certains amis de Newman, dont Mgr Ullathorne, ont cru qu'après le succès de la « Lettre au Dr Pusey », l'heure était favorable pour reprendre le projet d'un Oratoire à Oxford et pour le faire approuver par Rome. L'initiative ne vient pas de Newman; il tient même à dire qu'il ne s'associe à l'entreprise que « forcé » et « par crainte d'être sourd à un appel de Dieu ». Est-ce bien un appel? Il n'en est pas sûr. « Si quelque empêchement, dit-il, survient d'ici à six mois, ce sera le signe que ce n'était pas un appel (2). » D'ailleurs, s'il est très touché du zèle de certains amis, notamment de la bonté de Mgr Ullathorne, il

(1) T. II, p. 129.
(2) *Ibid.*, p. 126.

craint de voir renaître, en Angleterre et
à Rome, les oppositions qui ont fait
échouer le projet en 1864, il se méfie des
dispositions du préfet de la Propagande,
et il remarque, non sans en être très
blessé, que le cardinal Reisach, envoyé
en Angleterre pour faire une enquête sur
cette question, a interrogé toutes les personnes hostiles que lui a indiquées Manning, mais ne lui a rien demandé à lui,
qui pouvait cependant se croire une certaine compétence sur les choses univer-
sitaires. Plus le temps s'avance, plus
il est perplexe, incertain du résultat,
croyant un jour au succès, l'autre jour à
un échec. L'idée de se trouver à Oxford
l'attire et, en même temps, le trouble.
« Ce serait une chose cruelle, écrit-il à
un ami anglican, son ancien vicaire, de
revoir Oxford, maintenant que je ne
suis plus un avec lui. C'est comme un

mort venant à des morts. O cher, cher, combien je redoute cela! Mais il me semble que c'est la volonté de Dieu, et je ne vois pas le moyen de reculer (1). »

A la fin de 1866, Newman reçoit une lettre de Mgr Ullathorne, lui annonçant que la Mission de l'Oratoire à Oxford est autorisée par la Propagande et qu'il peut faire appel à ses amis pour réunir les fonds. Une circulaire rencontre aussitôt bon accueil chez les nombreux catholiques qui ont, depuis plusieurs années, cette fondation très à cœur. Newman peut croire enfin toucher au port. Ses doutes, ses répugnances ont disparu; il est tout à la joie de la grande œuvre à faire. Il presse l'exécution des dernières mesures et, dans ce dessein, envoie plusieurs fois, à Oxford, l'un de ses reli-

(1) T. II, p. 130.

gieux, le P. Neville. Le 6 avril, celui-
ci, sur le point de partir pour un dernier
voyage, se promenait avec Newman sur
la route et recevait de lui ses instructions.
Écoutons le P. Neville raconter lui-même
cet entretien :

Newman, la figure rayonnante, parla de
ses vues : « Les premiers échecs n'impor-
tent plus maintenant, dit-il. Je vois que
Dieu m'a réservé pour cette œuvre. Il y
a des signes d'une réaction religieuse, à
Oxford, contre le libéralisme et l'indiffé-
rentisme d'il y a dix ans. C'est évidem-
ment un moment où une affirmation forte
et persuasive des principes chrétiens et
catholiques sera sans prix. Il n'est pas impossible que des hommes tels que Mark Pat-
tison soient gagnés. Quoique je ne sois pas
jeune, je me sens aussi plein de vie et de
pensée que jamais. Il peut se faire que ce
soit l'inauguration d'un second Mouvement
d'Oxford. » Puis il se mit à parler de l'objet
pratique de la visite à faire : « Observez

bien les étudiants catholiques dans l'église. Dites-moi combien il y en a. Cherchez à savoir *qui* ils sont. Dites-moi où ils s'asseyent dans l'église, afin que je m'imagine d'avance comment je devrai me tenir, lorsque je prêcherai, de façon à les voir naturellement et à m'adresser à eux. Dites-moi aussi ce que sont à présent les offices de l'église, et nous pourrons discuter quels changements seraient utiles. » Newman revint ensuite à l'Oratoire en causant joyeusement avec son compagnon. Le domestique qui leur ouvrit la porte donna une longue enveloppe bleue à Newman et dit : « Le chanoine Escourt est venu de l'Évêché et m'a dit de vous remettre ceci aussitôt votre retour. » Newman ouvrit la lettre, la lut, et se tournant vers Neville : « Tout est fini. On ne me permet pas d'y aller. » Pas un mot de plus ne fut prononcé. Le Père couvrit sa figure avec ses mains et quitta son ami qui alla dans sa chambre pour défaire sa valise (1).

(1) T. II, p. 138, 139.

Que s'était-il passé? Ceux qui avaient fait échouer une première fois le projet d'Oxford n'avaient pas désarmé ; le principal d'entre eux, Manning, devenu, en 1865, après la mort de Wiseman, archevêque de Westminster, était plus influent que jamais. La Propagande, pressée d'un côté par les adversaires du projet, de l'autre par ses partisans fort nombreux, non seulement chez les laïques, mais dans le clergé, avait pris alors, suivant un procédé cher aux Italiens, un *mezzo termine :* elle avait approuvé la fondation d'un Oratoire à Oxford, mais, en même temps, elle envoyait à Mgr Ullathorne une instruction secrète, lui prescrivant, au cas où Newman voudrait transférer sa résidence à Oxford, de s'employer par des moyens de douceur, *blandè suaviterque,* à l'en empêcher. Il paraît bien qu'en prononçant

cette exclusion, les autorités romaines
avaient surtout en vue de faire échec
à l'éducation mixte, et que la mesure était motivée, moins par une méfiance personnelle de Newman, que par
la crainte que la présence à Oxford
d'un tel personnage n'encourageât les
parents catholiques à y envoyer leurs fils.
Mgr Ullathorne, à très bonne intention,
n'avait pas parlé à Newman de cette
clause secrète qu'il espérait faire retirer;
il comptait aller à Rome dans ce dessein.
Mais, avant qu'il eût pu faire cette démarche, le *Weekly Register* publiait, le
6 avril 1867, une lettre de Rome qui
faisait connaître l'exclusion de Newman;
le correspondant en donnait comme motif les suspicions existant à Rome sur les
doctrines professées par Newman, en
plusieurs circonstances, notamment dans
l'*Apologia*. « Seul, ajoutait-il, un ultra-

montain dont la fidélité serait sans tache pourrait entrer dans une arène telle que celle d'Oxford et y obtenir des résultats avantageux pour la foi en Angleterre. » Il exprimait l'espoir que la masse des catholiques, les cultivés comme les autres, écouteraient « l'avertissement » par lequel « le pasteur de l'Église » détournait les fidèles de « pâturages qui, si beaux qu'ils parussent, pourraient, en certaines circonstances, n'être qu'une sorte de poison ». En donnant ce sens à la mesure prise, ce correspondant ne rendait probablement pas la pensée des autorités romaines; mais il s'inspirait de celle des adversaires anglais de la fondation, notamment de Manning et de Ward : ce dernier ne disait-il pas à l'un de ses compatriotes résidant à Rome, que, s'il combattait, de toutes ses forces, ce projet, c'était qu'en le réalisant, « on

augmenterait l'influence de Newman et
on lui fournirait des moyens de répandre
ses vues (1) » ?

Ainsi publiquement interprétée, la
mesure n'était plus seulement, pour
Newman, un *veto* mis une fois encore
à son action ; elle apparaissait comme
une note de suspicion émanant de l'autorité suprême et mettant en doute,
aux yeux de tous, son intégrité religieuse. On comprend qu'il en fut très
blessé. Il écrivait à Hope Scoot, le
13 avril 1867 :

Je pense qu'il est maintenant prouvé
que ce que vous appeliez ma *sensitiveness*
n'était pas de la timidité, de la bizarrerie,
de l'émotivité, mais un instinct sûr de
l'état de l'atmosphère ecclésiastique... Ce
néophyte, M. Martin (l'auteur de la correspondance publiée par le *Weekly Register),*

(1) T. II, p. 164.

est un index de l'état du temps à Rome,
comme les insectes, fourmillant près de la
terre, sont un signe de pluie. Les violences
du journal peuvent être indirectement
dangereuses pour mon influence en Angleterre, aussi bien qu'une fenêtre ouverte
peut contribuer à me donner un rhume...
Nul autre que, moi ne sait combien, depuis
que je suis catholique, j'ai été profondément anxieux de ne rien écrire sans m'appuyer sur de bonnes autorités ecclésiastiques; et quoique, malgré les plus grands
soins, l'*humana incuria* puisse être en
faute, je n'ai aucune raison de croire que
mes méprises aient été plus nombreuses
que celles auxquelles tous les écrivains
sont exposés; cependant, il est certain que
je suis considéré avec suspicion à Rome,
parce que je ne veux pas suivre jusqu'au
bout toutes les extravagances de l'école du
jour, et je ne puis plus remuer le doigt
sans causer offense (1).

(1) T. II, p. 188.

Peu de jours après, il écrivait à un jésuite de ses amis, le P. Coleridge :

C'est ma croix d'avoir de fausses histoires en circulation sur moi et d'être, par suite, suspect... Il y a dix ans, j'ai été accusé, devant le Pape, de beaucoup de choses (qui n'avaient rien à faire avec la doctrine). J'allai à Rome, quoique cela me dérangeât beaucoup, et j'eus deux entrevues avec le Saint-Père, tête à tête. Il fut très bon et m'acquitta. Mais j'avais à peine le dos tourné que mes ennemis (car je ne puis les appeler autrement) eurent pratiquement le dessus. Notre évêque semble croire qu'il n'y a pas grand avantage à voir le Pape, lorsqu'on ne le voit qu'*une fois.* Que puis-je contre des personnes qui sont journellement à ses côtés ?...

Pendant vingt ans, j'ai honnêtement, et avec amour, fait de mon mieux pour suivre, dans leur lettre, dans leur esprit, les directions du Saint-Siège et de la Propagande, et je n'ai jamais obtenu la con-

10

fiance de qui que ce soit à Rome. L'an
passé, le cardinal Reisach vint en Angleterre; je l'avais connu à Rome; il ne me
fit pas savoir qu'il était en Angleterre; il
vint à Oscott, et je ne le sus pas; il vint
voir mon terrain à Oxford; mais il était
confié au P. Coffin, non à moi...

J'ai abandonné tout désir de gagner la
bienveillance de ceux qui ont de moi une
telle idée. J'ai une abondante consolation
dans la sympathie unanime de ceux qui
m'entourent. J'ai confiance que j'appor-
terai toujours ma cordiale obéissance à
Rome, mais je n'espère pas la voir jamais
reconnue de mon vivant (1).

La sympathie dont parle Newman
dans cette lettre s'était en effet manifes-
tée avec éclat. Aussitôt après la publication de l'article du *Weekly Register,* deux
cents laïques, comprenant à peu près
tous les catholiques considérables d'An-

(1) T. II, p. 142.

gleterre, se réunirent, sur l'appel de
M. Monsell, et adoptèrent une adresse à
Newman, où ils déploraient les attaques
dont il avait été l'objet, lui exprimaient
leur gratitude pour tant de services rendus, et déclaraient que « tout coup qui
le touchait infligeait une blessure à
l'Église catholique en Angleterre ». Les
intransigeants furent très mécontents de
cette manifestation. Manning y dénonçait, dans l'intimité, « l'absence de l'instinct catholique et la présence d'un esprit
dangereux ». Mais, en même temps, la
situation de Newman, dans l'opinion des
catholiques anglais, lui paraissait devenue
telle, qu'il se croyait obligé, lui aussi, de
l'assurer, par lettre, du déplaisir que lui
avait causé l'attaque du *Weekly Register*.
Auprès de Mgr Talbot qui lui reprocha
cette démarche comme une sorte de
couardise, l'archevêque se justifia en

disant que, s'il n'usait pas de prudence
et de ménagement, il risquerait de diviser les évêques anglais dont plusieurs se
rangeraient du côté de Newman (1).

(1) Cf. les lettres publiées par PURCELL, *Life of Manning*, t. II, p. 315 à 319.

VI

1867.

Newman d'ordinaire refusait de se
défendre contre les attaques. « Ce serait,
disait-il, perdre son temps, sa tranquillité, sa force », et il répétait volontiers,
en pareil cas : « Le temps est le grand
remède et le grand vengeur de toutes les
injustices... Si nous sommes seulement
patients, Dieu travaille pour nous. Il travaille pour ceux qui ne travaillent pas
pour eux-mêmes (1). » Il ne prévoyait
qu'une exception, le cas d'une accusation qui mettrait en doute sa foi reli-

(1) T. II, p. 129.

gieuse, sa loyauté envers le Saint-Siège.
C'est précisément le cas de l'article publié
par le *Weekly Register*. Newman ne croit
donc pas pouvoir rester sous le coup
d'une telle accusation et, avec une promp-
titude de décision qui ne lui était pas
habituelle, il envoie à Rome deux de ses
compagnons de l'Oratoire, les PP. Saint-
John et Bittleston, avec charge d'y porter et d'y solliciter des explications.
Ceux-ci arrivent à destination, dans les
premiers jours de mai 1867. Leurs lettres, dont M. Wilfrid Ward a eu com-
munication, nous apportent, sur cette
ambassade, des renseignements curieux
et jusqu'ici ignorés (1).

On y voit les deux religieux anglais,
un peu surpris et embarrassés par la
souplesse caressante et insaisissable des

(1) T. II, chap. xxv.

Italiens, ayant peine à dégager la vérité du milieu de leurs paroles, mais s'en tirant par leur candeur, leur droiture et la fermeté de leur dévouement à la cause de leur cher et vénéré supérieur. Pie IX a donné l'ordre qu'il leur soit fait bon accueil et qu'on use de la plus grande bienveillance pour tout ce qui regarde Newman. A Rome, d'ailleurs, plusieurs personnages considérables ne cachent pas leurs dispositions amicales ; le P. Perrone, théologien renommé de la Compagnie de Jésus, consulteur de l'Index, se dit un « chaud ami de Newman ». Il n'est pas jusqu'au cardinal Barnabo, préfet de la Propagande, dont Newman s'était de tout temps un peu méfié, qui ne se déclare prêt à accepter les explications qui lui montreront, sous un jour favorable, la conduite et les paroles de l'illustre oratorien.

Dans les pourparlers avec le cardinal
Barnabo, il est d'abord question de l'Oratoire projeté à Oxford. Il n'y a pas à
espérer qu'on revienne sur la décision
qui en écarte Newman; elle a été prise,
dit le cardinal, sur la volonté formelle
du Pape. Le P. Saint-John se borne à
affirmer que Newman n'a jamais pressé
les familles d'envoyer leurs enfants à
Oxford. « A la vérité, ajoute-t-il, le
P. Newman pense, et d'autres pensent
plus encore que lui, qu'Oxford serait un
lieu très favorable pour aborder les
grandes difficultés du jour. Vous ne sau-
riez imaginer combien il est apprécié en
Angleterre. A Oxford, tout le monde
viendrait pour l'entendre... On pourrait
s'attendre à des conversions. » — « Ah!
répond le cardinal, non ébranlé par ces
considérations, le P. Newman n'a qu'à
écrire et à travailler à Birmingham. S'il

ne peut conquérir une centaine de convertis, il devra être content d'en gagner
une trentaine; ce sera déjà beaucoup. »
Mais, quand il est question de l'interpré-
tation offensante donnée à l'exclusion de
Newman par l'article du *Weekly Register,*
le cardinal proteste : « *Vanissimæ calum-
niæ!* » s'écrie-il. Il affirme que, dans la
mesure prise, « il n'y avait rien contre
le P. Newman » et qu'elle était seulement
motivée par la crainte que sa présence
n'encourageât les familles à envoyer leurs
enfants à Oxford. « Le P. Newman,
ajoute-t-il, a de bonnes raisons de se
plaindre de la façon dont il a été traité;
mais ce n'est pas de notre fait. On aurait
dû lui dire, dès le début, que la Sacrée
Congrégation ne désirait pas qu'il allât
lui-même à Oxford. L'évêque a commis
une faute; il aurait dû lui communiquer
nos instructions et ne pas l'exposer à se

compromettre par la recherche des sous-
criptions, en le laissant dans l'ignorance
des conditions posées. » Il conclut par
ces mots : « Je vous en prie, dites bien
au P. Newman que, dans toute cette
affaire d'Oxford, il n'a pas perdu la plus
petite fraction de l'estime en laquelle il
est tenu à Rome (1). »

Il apparaît bientôt que c'est sur un
autre point qu'un nuage subsiste dans
l'esprit des dirigeants à Rome. L'origine
en était dans une vieille affaire dont il a
déjà été question ; je veux parler de
l'article publié, dans le *Rambler*, sur *la
Consultation des fidèles en matière de doctrine* (2). Les deux oratoriens appren-
nent, à leur grande surprise, que le
cardinal Wiseman n'avait jamais fait connaître à personne la lettre par laquelle

(1) T. II, p. 160 à 162.
(2) Voir plus haut, chap. III.

Newman avait alors offert des explications et affirmé d'avance son adhésion
ex animo à toutes les propositions dogmatiques qu'on lui aurait déclaré être
contredites par son article; les autorités
romaines, laissées dans l'ignorance de ce
fait, avaient cru qu'il dédaignait de s'expliquer et en avaient gardé une « impression fâcheuse ». Aussitôt informé,
Newman se hâte de faire communiquer,
par ses envoyés, le texte de sa lettre à
Wiseman et un témoignage confirmatif
de Mgr Ullathorne. Le cardinal Barnabo
est absolument stupéfait de cette révéla-
tion. « Comment expliquer, s'écrie-t-il,
qu'alors que Wiseman était à la Propagande, nous n'ayons jamais entendu parler de cela? » Il ajoute que cette explication « absolvait tout à fait Newman »;
quant au cardinal Wiseman, tout ce
qu'il trouve à en dire est : « Bien, il est

mort maintenant ; *requiescat in pace* (1). »

A mesure que les entrevues se succè-
dent, le préfet de la Propagande se
montre plus sympathique à Newman ; il
ne le traite plus de *pover uomo* (2), mais
de *sant'uomo* (3). « Il dit qu'il vous aime,
écrit le P. Sáint-John, que vous êtes un
saint, que les saints ont été persécutés,
comme Palotti ; que, si certaines gens
(allusion aux rédacteurs de *Rambler*) prétendaient être protégés par vous, c'était
parce que vous aviez un cœur si charitable !... » Il m'a dit aussi : « Je connais
les deux hommes, Manning et Newman.
C'est Manning que je connais le mieux,
mais j'aime Newman. » Le bon Père est
attendri de ce langage. « Pauvre vieil
homme, écrit-il, il a vraiment bien bon

(1) T. II, p. 173.
(2) *Ibid.*, p. 170.
(3) *Ibid.*, p. 164.

cœur (1). » L'autre envoyé, le P. Bittleston, mande, à ce propos, à Newman :
« Le P. Saint-John commence à être
presque gagné par le cardinal. Il reconnaît qu'il vous a mal traité en quelques
circonstances, mais il pense qu'il a été
trompé et qu'il est blanc, comparé à
d'autres qui devaient vous mieux connaître (2). »

En somme, l'ambassade a réussi dans
la mesure où elle pouvait le faire. Les
choses sont adoucies et éclaircies. Non
sans doute qu'il n'existe plus de diver-
gence de vues, entre le Saint-Siège et
Newman, sur l'attitude à prendre en face
de la pensée moderne. Mais il ne reste
plus de nuage sur la loyauté de Newman
envers le Saint-Siège, sur son intégrité
catholique. « Partout à Rome, on parle

(1) T. II, p. 179.
(2) *Ibid.*, p. 173.

bien de vous », lui mande le P. Saint-
John. Dans l'audience qu'il accorde aux
deux oratoriens, le Pape se montre plein
de bonté. « Bien, dit-il avec un aimable
sourire, vous êtes venus à moi de la part
du P. Newman, comme mes chers fils. Je
n'ai aucun doute sur son obéissance. » Il
insiste principalement sur la nécessité de
ne pas encourager « l'éducation mixte» ;
faire échec à cette éducation est visible-
blement sa préoccupation dominante.
« Quand j'en vins à parler, écrit le
P. Saint-John à Newman, de la peine que
vous avaient causée les rapports envoyés
de Rome, Pie IX répondit que vous ne
deviez pas vous en inquiéter, qu'il vous
suffisait d'apprendre que lui, le Pape,
savait que vous étiez *tutto obediente*. » Au
moment de prendre congé, les envoyés
s'agenouillent en disant : « Saint-Père,
vous devez donner votre bénédiction au

P. Newman. — Oh! oui, répondit-il, je la lui donne de tout cœur et à tous les vôtres (1). »

De ce qu'ils ont vu et entendu, le P. Saint-John et son compagnon emportent cette impression très nette que les vrais adversaires de Newman sont bien plutôt en Angleterre qu'à Rome. « Je n'ai aucune hésitation à affirmer, comme étant mon entière conviction, écrit peu après Mgr Ullathorne à Newman, que vous avez été odieusement desservi *(misrepresented)* à Rome, et cela par vos propres compatriotes (2). » Non seulement chez le Pape qui avait naturellement de la sympathie pour le grand converti, mais chez les dirigeants du gouvernement pontifical, les préventions contre Newman se fondaient sur des dénonciations venues

(1) T. II, p. 166, 167.
(2) *Ibid.*, p. 184.

d'outre-Manche ; celles-ci n'étaient même
accueillies parfois, à Rome, qu'avec une
certaine défiance, et l'on n'était pas sans
trouver que ces Anglais étaient gens bien
querelleurs, qui faisaient de certaines
choses plus de bruit qu'elles n'en valaient
la peine. Que des Romains, qui générale-
ment ne lisaient pas l'anglais et ne con-
naissaient pas l'Angleterre, fussent conduits à juger les choses et les hommes de
ce pays d'après ce que leur en disaient
des informateurs tels que Manning et
Ward, c'était assez explicable ; ce qui
l'était moins, c'est que, quand, par
exemple, ils envoyaient le cardinal Reisach faire sur place une enquête, ils
fissent interroger tout le monde, excepté
Newman.

Parmi les prélats romains, il en était un
qui partageait, en l'exagérant même, l'ani-
mosité des *extremists* d'outre-Manche :

c'était, il est vrai, un Anglais de naissance, Mgr Talbot, le correspondant de
Manning, pieux, sincère, ardemment
dévoué au Pape, mais d'esprit étroit et
même peu solide, car il devait être bientôt
enfermé dans une maison de santé. Son
attitude, pendant le séjour à Rome des
envoyés de Newman, est singulière. On le
voit s'empresser autour d'eux, s'ingénier
à les joindre dans les antichambres, insis-
ter pour être reçu par eux en tête à tête,
essayer, sans succès, de leur faire accepter une invitation à dîner, protestant de
l'amitié qu'il a vouée à Newman, du
chagrin qu'il éprouve d'en être séparé,
lui offrant ses services, sollicitant d'être
admis à entrer en rapport avec lui, assu-
rant que celui-ci en retirerait toutes
sortes d'avantages. Vainement le P. Saint-
John lui répond-il par des reproches
sur ses procédés passés et lui dit-il,

11

comme il l'écrit à Newman, « les choses
les plus fortes qu'il ait jamais dites à personne », Talbot supporte tout, sans se
fâcher, et tâche doucement d'expliquer
sa conduite. Anxieux de plaire, il croit y
arriver en parlant contre certains sermons de Manning (probablement ceux
sur le pouvoir temporel) qui, dit-il, con-
tenaient des choses étranges, et il en
conclut que ce n'était pas seulement à
Newman qu'il arrivait d'émettre des
propositions critiquables. Ne se figure-
t-il même pas gagner le bon oratorien,
en lui offrant de le faire nommer proto-
notaire et en lui faisant valoir que ce
titre lui permettrait de porter la pourpre
quand il viendrait à Rome? Le P. Saint-
John, sans se priver de rire de cette dernière proposition, finit, dans la candeur
de son âme, par être touché de tant de
protestations. « Mgr Talbot, écrit-il à

Newman, semblait, en tout ceci, être comme un homme dont les yeux commenceraient à s'ouvrir. Remarquez que je ne me fie pas à lui, je sais qu'il est dans la main de Manning ; mais, si les apparences ont quelque valeur, il est tout à fait repentant. » Néanmoins, dans un post-scriptum, il exprime la crainte que Newman ne le trouve trop crédule et ne soit mécontent qu'il ait consenti à causer avec ce prélat. « Priez beaucoup pour nous, lui écrit-il humblement, afin que nous ne fassions pas de maladresses (1). » La vérité est que ce même Mgr Talbot qui, au commencement de mai, accablait ainsi les envoyés de Newman de ses protestations d'amitié, écrivait, quelques jours auparavant, le 25 avril, à Manning, une lettre où il lui

(1) T. II, p. 168, 169, 175, 176.

reprochait de trop ménager Newman et
où il déclarait que celui-ci était « l'homme
le plus dangereux d'Angleterre (1) ».
Newman ne connaissait pas cette lettre,
mais il en savait assez pour répondre
froidement aux offres de service de
Mgr Talbot (2). Une même méfiance lui
fait, peu après, décliner des ouvertures
analogues de Manning. Celui-ci mande
alors à Talbot : « J'ai essayé d'adoucir le Dr Newman, mais il est très difficile (3). »

Peu après le retour de ses envoyés, le
le 23 août 1867, Newman recevait en
Angleterre la visite de Mgr Nardi, prélat assez important dans les entours du

(1) Voir *Life of Manning*, par Purcell, t. II,
p. 317, 318.
(2) T. II, p. 176, 177.
(3) Sur cet incident pénible, voir *la Renaissance
catholique en Angleterre au XIXe siècle*, IIIe partie,
p. 88 à 89.

Pape. Il en rend compte d'une façon plaisante :

Mgr Nardi est venu hier pendant une heure ou deux ; je vais noter ici quelques-unes des choses qu'il a dites, au cours d'une longue conversation :

J'étais un grand homme — ne le niez pas — un grand écrivain — bon style — fort logique — mon style se traduit aisément en italien — c'est un style classique. J'avais sans doute mes ennemis — ils sont en Angleterre ou Anglais — mais tous les catholiques, à les regarder en masse, sont mes amis. Il ne parle pas par flatterie, — non, il dit toujours ce qu'il pense, même au Pape... J'avais de très bons amis. Le P. Saint-John était pour moi un bon ami, vraiment — et un vrai *gentleman*. Le cardinal Cullen était un bon ami — un très bon ami. (Je compris qu'il entendait par « bons amis » les personnes qui m'avaient rendu de réels services.) Je devrais envoyer, de temps en temps, à Rome des

personnes pour expliquer les choses et
tenir les autorités au courant. Je devrais
aller à Rome moi-même. Cela réjouirait le
Saint-Père. — Je devrais être évêque,
archevêque — oui, oui — je devrais, je
devrais — oui, un très bon évêque, —
c'est votre ligne — ce l'est, ce l'est, — ce
n'était pas bien de ma part de dire non (1).

Bien qu'à voir le ton de son compte
rendu, Newman ne prenne pas tout à
fait au sérieux ces politesses, une telle
visite et un tel langage indiquent qu'il
y a quelque chose de changé, depuis
l'époque où, un an auparavant, le cardinal Reisach évitait soigneusement de
venir le voir. Newman lui-même s'en
rend compte. Il reçoit du reste, peu
après, une confirmation plus précise encore des sentiments du Saint-Siège. Ti-
raillé entre ceux qui lui dénoncent les

(1) T. II, p. 188, 189.

écrits de Newman comme hétérodoxes,
et ceux qui, comme Mgr Ullathorne, pro-
testent avec indignation contre cette accusation, Pie IX a résolu de demander à
un prélat compétent et impartial, un avis
sur ces écrits ; il ne s'est pas adressé au
primat d'Angleterre qui était Manning,
mais à l'archevêque de Dublin, le cardinal Cullen. La réponse est entièrement
favorable à Newman, et, fait significatif,
le Pape veut que celui-ci en soit informé.

VII

NEWMAN DANS LA RETRAITE

ET L'INACTION

1867-1870.

L'orthodoxie de Newman et sa loyauté
envers le Saint-Siège sont donc recon-
nues à Rome, et rien ne reste des attaques du *Weekly Register*. Mais, dans la
question d'Oxford, l'exclusion de Newman subsiste. Celui-ci n'a plus qu'à se
soumettre ; on sait quels ont été, de tous
temps, ses principes sur le devoir d'obéissance. « Le Pape, écrit-il le 10 novembre 1867, doit être obéi, qu'il s'agisse
ou non d'un cas où il est infaillible. Aucun bien ne peut venir de la désobéissance. » Il ne se dissimule pas que le

pontife a pu se tromper ou être trompé ;
que ses conseillers et ses instruments ont
pu être « tyranniques et cruels » ; mais,
« quand il parle formellement et d'autorité, il parle comme Notre-Seigneur veut
qu'il parle », et toutes les fautes des individus n'empêchent pas que « le résultat ne soit celui que Notre-Seigneur
avait en vue ». « C'est pourquoi, conclut Newman, la bénédiction est avec
l'obéissance à la parole du Pape, et aucune bénédiction n'est avec la désobéissance (1). »

S'il se soumet sans hésitation, il ne le
fait pas sans tristesse ni sans quelque
dépit ; il lui est dur de renoncer à l'apostolat qu'il avait rêvé d'exercer à Oxford.
Aussi termine-t-il la lettre où il annonce
son désistement au cardinal Barnabo,

(1) T. II, p. 193.

par une phrase où il déclare remettre sa
cause aux mains de Dieu : *Viderit Deus*.
Cet appel à Dieu déplaît à Rome, et
Mgr Ullathorne en informe Newman.
Celui-ci n'est pas d'humeur à renoncer
au droit qu'il croit avoir de se plaindre
de ceux à qui il ne refuse pas son obéissance. Une fois de plus, dans son journal
intime, il donne carrière à son mécontentement. Pour se justifier d'en avoir
appelé à Dieu dans sa lettre au cardinal,
lettre non publique, il rappelle l'exemple
de saint Thomas Becket protestant contre
l'action des cours romaines, puis il continue en ces termes :

Ce que j'ai écrit, dans les pages précédentes, l'a été comme une sorte de soula-
gement de mon esprit... Je vais me mettre
moi-même sous la figure du patriarche Job,
sans avoir aucune prétention de lui ressembler. Job commença par repousser avec

force les accusations de ses amis, puis il
protesta longuement de son innocence, et
enfin nous lisons : « Les paroles de Job
sont finies. » Les miennes aussi sont finies.
J'ai dit au cardinal Barnabo : *Viderit Deus*.
J'ai mis ma cause en Lui, et tout en espé-
rant, par Sa grâce, être toujours obéissant,
je n'ai pas plus de désir que d'espérance
d'obtenir l'approbation d'un homme tel que
le cardinal, en quoi que ce soit que je
puisse faire dorénavant. X... et d'autres
ont impressionné contre moi trop profondément les esprits parmi les autorités romaines, pour me laisser espérer que la
vérité ait beau jeu, en ce qui me concerne
de mon vivant ; et, quand on cesse d'espérer, on cesse aussi de craindre. Ils m'ont
fait tout le mal qu'ils pouvaient, et de
même qu'en 1864 (1), Dieu tout-puissant
a enfin, après vingt années, justifié ma conduite au regard des protestants, ainsi, en
ce qui touche ma carrière catholique, à la

(1) Allusion à l'*Apologia*.

fin, après que je serai parti d'ici-bas, *Deus viderit!* Je n'ai pas employé ces mots à la légère, et bien qu'ils semblent avoir fait sur l'esprit du cardinal une impression très défavorable, je ne songe pas à les rétracter. Pendant plusieurs années, j'ai essayé d'être approuvé par ses pareils, mais voilà maintenant plus de dix ans que, n'y ayant pas réussi, j'ai renoncé à toute espérance ou désir de ce genre.

La plainte de Newman se prolonge quelque temps encore, mais, si vif qu'ait été son mécontentement, il ne retombe pas dans l'état de dépression où l'ont jeté autrefois des mécomptes de ce genre. Il proteste au contraire que ces événements n'ont pas atteint sa paix et son bonheur intérieur qui n'ont jamais été plus complets :

J'ai la disposition de mon temps. Je suis entouré de gens qui m'appuient et sont d'accord avec moi. Je suis en situation facile, je n'ai pas de charges, j'ai une bonne santé. Je n'ai de peine ni d'esprit ni de corps. Je ne jouis que trop bien de la vie. Le poids des années tombe sur moi comme la neige, doucement quoique sûrement, mais je ne le sens pas encore. J'ai un cercle de chers amis. Ma réputation a été éclaircie par l'*Apologia*. De quoi puis-je avoir besóin, sinon d'une plus grande reconnaissance et d'un plus grand amour envers Celui qui m'a donné toutes ces bonnes choses? Il n'y a pas d'état de vie que je préférerais au mien. Je n'échangerais pas ma position contre celle de qui que ce soit que je connaisse. Je suis simplement content. Il n'y a rien que je désire. Je serais embarrassé de savoir que demander, si j'avais la liberté de le faire. Je dirais peut-être que je souhaiterais les affaires financières de l'Oratoire et de l'École en meilleur état, mais, pour moi-même, je suis autant enveloppé de bénédictions et comblé des dons de Dieu qu'il est possible de l'imaginer. Et je n'ai rien à demander que le pardon de mes fautes, la grâce et une heureuse mort (1).

Sa vie de couvent se poursuit en effet dans la retraite silencieuse et avec la pieuse monotonie qui lui sont chères. « Rien n'est plus fatigant que le changement », écrit-il à une amie. Il aime à répéter la parole de l'Imitation : *Cella continuata dulcescit*. Il profite de ce calme pour travailler au grand ouvrage sur le principe de la croyance religieuse, qui sera publié, trois ans plus tard, sous ce titre : *Essay in aid of a Grammar of Assent*. Il en était occupé depuis de longues années, et rien ne lui tenait plus au cœur. « Ma conscience me disait, écrira-t-il plus tard, qu'il ne fallait pas quitter ce monde sans faire ce travail (2) » ; et il

(1) T. II, p. 200 à 202
(2) *Ibid.*, p. 400.

rappelait, dans une autre lettre, les divers tâtonnements par lesquels il avait
passé : « C'était comme les essais pour
trouver son chemin dans un labyrinthe,
ou pour découvrir le point faible d'une
place forte. Je ne parvenais pas à avan-
cer, et je me trouvais revenu en arrière,
absolument déconcerté. Cependant je
sentais que je devais, à quelque prix que
ce fût, mettre au dehors ce que voyait
mon esprit sans pouvoir le saisir (1). »
C'est en 1866, au cours d'un séjour en
Suisse, qu'il a eu subitement la vision de
son plan, et dès lors il peut marcher à
son but d'un pas plus assuré.

En même temps, sur la demande de
quelques amis, il se décide à publier, en
janvier 1868, une édition complète de
ses vers, en y comprenant un poème

(1) T. II, p. 278.

qu'il a écrit quelque temps auparavant, au courant de la plume, y attachant si peu d'importance que, pour un peu, le papier sur lequel il était écrit aurait été jeté au panier : c'était *le Songe de Geron-tius,* l'un des chefs-d'œuvre de la poésie anglaise au dix-neuvième siècle. Le volume est salué dans la presse par un concert de louanges. Newman, avec sa sensibilité accoutumée, en est tout ému et surpris. « J'ai été si peu accoutumé à l'éloge, écrit-il au P. Coleridge, que j'éprouve ce qu'éprouvait la bonne femme au milieu de son songe : « Oh! criait-elle, sûrement ce n'est pas moi ! » Mais il se fait scrupule du plaisir qu'il trouve à ce succès, et il note, sur son journal, à la date du 20 janvier 1868 :

Notre-Seigneur a dit : *Væ cum benedixe-rint vobis homines* (Luc, VI, 26), et il me semble que je suis dans ce danger, par

rapport au monde protestant. Il s'y est
produit une réaction, et personne ne sait
quelles en seront les limites. Juste en ce
moment, mes vers, que j'ai recueillis et
publiés, ont à la fois stimulé et manifesté
cette réaction. Je sens comme si une Né-
mésis allait venir, si je n'y veille et si je ne
me souviens de l'anneau de Polycrate. Des
amis et d'autres qui me veulent du bien
écrivent, par bonté, de favorables comptes
rendus de mon petit livre, et je suis obligé,
par la reconnaissance, de lire ce qu'ils
écrivent pour moi si généreusement. J'ai
dit : « le monde protestant », mais cela
s'étend aussi à la grande masse des catholiques de langue anglaise, chez qui, jusqu'à la publication de l'*Apologia,* on me
croyait fini et oublié. La controverse qui
en fut l'occasion, ensuite l'affaire d'Oxford
et enfin *le Songe de Gerontius* m'ont mis en
avant, et maintenant je serais difficile à
satisfaire et très ingrat envers eux et envers Dieu, si je n'appréciais pas justement
ce qu'on pense de moi.

Alors vient la question : quel usage puis-je faire de ces récentes miséricordes? Non d'après aucun principe surnaturel, mais au simple point de vue naturel, je continue à me dire : Quel est le bien de tout ceci? Qu'en résulte-t-il? *Vanitas vanitatum*, si ce ne sont que de vaines louanges. Quel usage puis-je en faire? Pour quelles fins me sont-elles accordées?

Puis, après un retour sur la disgrâce dans laquelle il s'est presque toujours trouvé, au regard de l'autorité ecclésiastique, sur « l'ombre froide » qui lui est venue de ce côté, il ajoute :

De même que mon Seigneur avait quelque dessein en me laissant si longtemps oublié et calomnié..., de même aussi maintenant. Il a quelque dessein dans le dernier changement qui vient de s'accomplir. Pourrai-je savoir quel il est? Peut-être ne demande-t-Il de moi rien de nouveau, mais a-t-Il créé une situation

favorable à l'ouvrage que je suis en train
d'écrire. Peut-être mon devoir se borne-
t-il — ce qui est fort agréable — à me
tenir tranquille, à ne rien faire et à me
réjouir. Peut-être mon nom est-il destiné
à devenir le point sur lequel s'appuieront
et d'où partiront d'autres hommes qui
adhèrent à mes opinions, pour écrire et
publier à ma place, et commencer ainsi à
transmettre à la génération qui viendra
après moi des vues conformes aux miennes
dans les matières religieuses et intellectuelles (1).

Peu après, lui arrive de Rome une
nouvelle manifestation de la bienveillance et de la confiance personnelles du
Pape : c'est une invitation à se rendre à
Rome pour participer, en qualité de théologien, à la préparation du concile qui
vient d'être annoncé. Newman ne devait

(1) T. II, p. 203, 204.

pas se rendre à cette invitation, par
répugnance pour les déplacements et
aussi parce qu'il ne se croyait pas vraiment un théologien, mais il n'en est pas
moins très heureux de l'avoir reçue;
aussi, dans le journal qui reflète fidèle-
ment les impressions successives et va-
riables de cette nature si sensible, trou-
vons-nous une note plus sereine :

Hæc mutatio dexteræ Excelsi. Je suis
trop vieux pour éprouver beaucoup de
plaisir ou du moins pour réaliser que je
l'éprouve; mais certainement j'ai d'abon-
dantes raisons de bénir et de louer Dieu,
pour le changement merveilleux qui a eu
lieu dans l'opinion qu'on a de moi, à condition toutefois que ce changement puisse
aider à l'accomplissement de quelque
bon dessein. Un correspondant anglican
m'écrit : « Vous occupez en Angleterre
une situation unique. Il n'y a aucun autre
homme dont la parole puisse être aussitôt

acceptée, sans avoir besoin d'être confir-
mée par un autre témoignage. Je ne connais pas de révolution du sentiment public,
aussi complète que celle-ci... »

D'un autre côté, à la nouvelle de l'invitation que m'adresse le Pape d'aller à
Rome pour prendre part à la préparation
des matières du concile, les journaux
catholiques qui, jusqu'ici, n'ont pas bien
parlé de moi, disent que cela a été une
invitation spéciale, la première et jusqu'ici
la seule qui ait été faite à un prêtre, en
Angleterre, en Écosse ou en Irlande, etc.

Je suis trop vieux pour ne pas vivement
sentir que, si je ne puis faire, grâce aux
bonnes paroles que les hommes me don-
nent, quelque chose pour Dieu, de telles
louanges ne sont qu'un fétu de paille et
seront emportées par le vent quelque beau
matin, sans rien laisser derrière elles (1).

Entre temps, à certaines heures, Newman s'attendrit aux souvenirs très chers

(1) T. II, p. 241.

de la première moitié de sa vie. Ainsi,
en juin 1868, a-t-il l'idée de revoir incognito Littlemore, le lieu où il a vécu les
dernières années de sa vie anglicane et
où il a fini, à force de prière et de travail, par trouver la vérité. Il n'y était
pas retourné depuis 1845. « J'avais toujours espéré le revoir une fois, avant de
mourir », écrit-il à Henry Wilberforce,
en lui racontant cette visite. M. Wilfrid
Ward a pu recueillir d'un témoin acci-
dentel, le chanoine Irvine, anglican, un
récit touchant de cet épisode :

Je passais devant l'église de Littlemore,
lorsque je vis un homme pauvrement
vêtu qui pleurait, appuyé contre la porte.
Il semblait dans une grande peine. Il était
habillé d'un vieux manteau gris, avec le
col relevé, et son chapeau était rabattu,
comme s'il eût voulu cacher ses traits.
Lorsqu'il se tourna vers moi, je crus reconnaître une figure que j'avais déjà vue.

L'idée me traversa immédiatement l'esprit
que c'était le Dr Newman. Je ne l'avais
jamais vu, mais je me souviens que
M. Crawley (le recteur de Littlemore)
avait une photographie de lui. J'allai trouver M. Crawley et je lui dis que je croyais
que le Dr Newman était dans le village;
mais il répondit que je devais me tromper,
que ce ne pouvait être. Je lui demandai
de me montrer la photographie, ce qu'il
fit. Je lui dis que j'étais sûr que c'était lui.
M. Crawley désira que j'allasse le regarder
de nouveau. J'y allai et je le rencontrai
dans le cimetière, où il se promenait avec
M. Saint-John. J'eus l'audace de lui demander s'il n'était pas un vieil ami de
M. Crawley, parce que, s'il l'était, j'étais
sûr que M. Crawley serait très heureux de
le voir, et comme celui-ci était très inva-
lide et incapable de sortir, ne voudrait-il
pas aller le voir? Il se mit aussitôt à fondre
en larmes et dit : « Oh! non. Oh! non. »
M. Saint-John le pria d'y aller, mais il
dit : « Je ne peux pas. » M. Saint-John lui

demanda d'envoyer son nom; mais il
dit : « Oh! non. » Enfin M. Saint-John
dit : « Vous pourrez dire à M. Crawley
que le Dr Newman est ici. « Je le fis, et
M. Crawley lui envoya ses compliments,
lui demandant de venir le voir, ce qu'il
fit, et ils eurent une longue conversation ensemble. Après cela, il s'en alla et
vit plusieurs des gens âgés dans le village.

Au sujet de cette dernière partie de
la visite, Newman dit, dans sa lettre
à Henry Wilberforce : « J'ai vu plusieurs de mes anciens paroissiens, maintenant avancés dans la vie. Il y a eu
quarante ans, au commencement de
cette année, que j'ai été nommé vicaire. Hélas! en plus d'un cas, ils se
souvenaient mieux de moi que moi
d'eux. Ils ont une grande affection pour
ma mère et mes sœurs, bien qu'il se soit

écoulé trente-deux ans depuis leur dé-
part (1). »

Newman se plaisait tant à cette évoca-
tion de son passé anglican, qu'il en venait
parfois à éprouver quelque scrupule :
est-ce donc qu'il regrettait l'Église où
s'était écoulée la première partie de sa
vie? Et il répondait ainsi à cette question :

Mon moi, aimes-tu ou n'aimes-tu pas le
temps où tu as été un membre actif de
l'Église d'Angleterre? Tu as journellement
sous les yeux une photographie de *Trinity
Chapel* et tu aimes à la regarder. Oui, et
c'est, en une large mesure, une abstraction.
Ce n'est pas l'Église d'Angleterre que
j'aime, — mais c'est l'assemblage concret
des individus dont je me souviens si bien,
— le temps et le lieu, — les scènes, les
circonstances, — mes propres pensées,

(1) T. II, p. 206, 207.

mes sentiments et mes actes. Je revois
cette table de communion et je me souviens
dans quels sentiments j'en approchai, en
novembre 1817, pour ma première communion, — comment j'étais en deuil, à
cause de la mort de la princesse Charlotte,
et j'avais des gants de soie noirs, — et, au
moment de recevoir le Pain, je ne pus parvenir à enlever l'un des gants ; je dus l'ar-
racher au risque de le déchirer par ma
précipitation. Mais l'Église d'Angleterre
en elle-même n'a pas de place dans mes
tendres souvenirs (1).

Pour avoir une idée complète de la vie
de Newman à cette époque, voyons-le
encore s'accordant, par moments, un
délassement que, durant de longues
années après sa conversion, il s'est inter-
dit par scrupule d'austérité : c'est la
musique. Il n'a recommencé à en faire

(1) T. II, p. 341.

qu'en 1865. A cette date, deux de ses
anciens amis anglicans, Church et Rogers,
se concertent pour lui faire cadeau d'un
violon. L'annonce de l'arrivée de l'instrument le met en grande excitation. « Je
pourrais, dit-il, trouver plaisir à la musique, depuis le commencement de la
semaine jusqu'à la fin (1). » Mais il se
demande s'il ne va pas se laisser entraîner
à y donner plus de temps qu'il ne convient. Le violon arrivé, il écrit à Church :

J'ai tardé à vous remercier de la grande
bonté avec laquelle vous vous êtes uni à
Rogers pour me donner un violon, jusqu'à
ce que je puisse vous renseigner sur le violon lui-même. Le fabricant m'en a envoyé
trois à choisir, et j'ai choisi avec tremble-
ment, craignant d'être à peine capable de
faire un bon choix, d'autant que mes doigts
étaient coupés par les cordes... Mais sa-

(1) T. II, p. 72, 73.

medi, j'ai eu grand plaisir à jouer les quar-
tettes de Beethoven, — que j'avais l'habitude de jouer avec le pauvre Blanco White,
— et je les ai trouvés plus exquis que
jamais, si bien que je fus obligé de poser
l'instrument, et littéralement je pleurai de
délices. Cependant, et ceci est plus dans
mon sujet, je pus m'assurer que j'avais
pris possession d'un très bon violon, tel
que je n'en avais pas possédé auparavant.
Pensez que je n'en ai jamais eu un bon,
avant d'arriver entre soixante et soixante-
dix ans, et j'avais commencé à m'en servir
quand j'avais dix ans! Je pense vraiment
que ce violon ajoutera à mes facultés de
travail et à la longueur de ma vie. Je n'ai
jamais plus écrit que lorsque je jouais du
violon. Je dors mieux après la musique. Il
doit y avoir quelque courant électrique qui
passe des cordes, à travers les doigts, dans
le cerveau, et qui descend le long de la
moelle épinière. Peut-être la pensée est-
elle une musique (1).

(1) T. II, p. 75, 76.

Mais ni le violon, ni les souvenirs du passé, ni même les travaux intellectuels, encore moins les bouffées d'irritation et d'amertume, ne sont le vrai fond de Newman. Ce vrai fond est la prière, la méditation, la contemplation de l'invisible. Seulement, comme il s'agit, en ce cas, d'un entretien mystérieux, secret entre tous, de l'âme avec Dieu, les lettres et le journal en gardent peu de traces. M. Wilfrid Ward a cependant trouvé, dans les papiers de Newman, quelques prières ou méditations qui suffisent à donner une idée de l'intensité de sa vie religieuse. En voici une d'abord, particulièrement touchante, parce qu'elle témoigne, chez son auteur, d'une sorte de remords de ses impatiences à l'égard des autorités religieuses qui l'ont méconnu :

O mon Dieu, en votre présence, je confesse et je déplore l'extrême faiblesse qui fait que je me méfie, sinon de vous, du moins de vos serviteurs et de vos représentants, quand les choses ne tournent pas comme je le voulais ou comme je l'espérais! Vous m'avez donné saint Philippe, cette merveille de votre grâce, pour maître et pour patron, — et je me suis confié à lui, — et il a fait pour moi de très grandes choses, et, de bien des manières, il a pleinement tenu toutes les promesses qu'il m'avait faites. Mais, parce que, en certaines choses, il m'a désappointé et m'a fait attendre, je suis devenu impatient et je l'ai servi, sinon avec une déloyauté dont j'eusse conscience, du moins d'une façon chagrine et froide. O mon cher Seigneur, accordez-moi une foi généreuse en Vous, et en Vos serviteurs (1).

C'est par une pensée analogue que, dans une autre prière, il s'efforce à ramener sa pensée sur la divinité de cette

_____

(1) T. II, p. 365.

Église dont les représentants ont pu le faire souffrir :

Ne permettez jamais que j'oublie un seul instant que Vous avez établi sur la terre un royaume qui est le Vôtre, que l'Église est Votre œuvre, Votre établissement, Votre instrument; que nous sommes sous Votre gouvernement, sous Vos lois et devant Vos yeux; que, si l'Église parle, c'est Vous qui parlez. Ne permettez pas que je me familiarise assez avec cette merveilleuse vérité au point d'y devenir insensible; ne permettez pas que la faiblesse de Vos représentants me conduise à oublier que c'est Vous qui parlez et qui agissez par eux (1).

Voici maintenant une prière qui a dû jaillir de son cœur à l'une de ces heures où il souffrait d'être condamné à l'inaction; il s'efforce de se détacher de ses

(1) T. II, p. 365, 366.

vues particulières, pour s'abandonner complètement à Dieu :

O mon Seigneur Jésus, je veux utiliser le temps présent. Ce sera trop tard pour prier quand la vie sera finie. Il n'y a pas de prière dans la tombe, il n'y a pas de mérites à acquérir dans le purgatoire. Si faible que je sois en Votre toute sainte présence, je me sens fort en Vous, fort par Votre Mère immaculée, par Vos Saints, et ainsi je peux faire beaucoup pour l'Église, pour le monde, pour tout ce que j'aime. O que le sang des âmes ne retombe pas sur ma tête! O ne permettez pas que je suive mon chemin particulier, sans penser à Vous! Faites que j'apporte toutes choses devant Vous, demandant Votre agrément pour tous mes projets, Votre bénédiction pour tout ce que je fais... Comme le cadran obéit au soleil, ainsi je veux être réglé par Vous seul, si Vous consentez à me prendre et à me régler. Qu'il en soit ainsi, mon Seigneur Jésus; je

13

me donne moi-même entièrement à Vous (1).

C'est encore pour obtenir la grâce de suivre toujours la Lumière d'en haut et d'être préservé du danger des pensées trop personnelles, qu'il fait cette autre prière :

Venez, ô mon cher Seigneur, et enseignez-moi... Je connais la parole de vérité qu'au commencement Vous donniez vous-même à Vos apôtres et qui a été transmise d'âge en âge; elle m'a déjà été enseignée, et Votre Église infaillible en est le garant; ce n'est donc pas là ce que je Vous demande et ce dont j'ai besoin. Mais j'ai besoin que Vous m'instruisiez jour par jour, suivant les circonstances et mes né-cessités. J'ai besoin que Vous me donniez ce véritable sens divin des matières révé-lées qui me rendra capable, quand j'en connaîtrai une partie, de pressentir le

(1) T. II, p. 365.

reste et d'y donner mon assentiment. J'ai besoin de cette intelligence des vérités Vous concernant, qui me prépare à entendre toutes Vos autres vérités, ou du moins qui me garde de faire, à leur sujet, des conjectures erronées ou de faux commentaires; j'ai besoin que mon esprit se conforme à l'Esprit saint qui a été l'esprit des Saints Pères et l'esprit de l'Église, de telle sorte que non seulement je dise ce qu'ils ont dit sur tel ou tel point particulier, mais que je pense ce qu'ils pensent; en toutes choses, j'ai besoin d'être préservé d'une pensée trop personnelle qui n'est pas dans la vérité, si elle conduit loin de Vous. Accordez-moi, dans tout ce que je ferai, le discernement de la vérité et de l'erreur (1).

Enfin, qu'on lise cette admirable prière par laquelle il demande la ferveur :

Faites que je supporte les peines, les reproches, les désappointements, la calom-

(1) T. II, p. 366.

nie, les anxiétés, les doutes, comme Vous
le voulez, ô mon Jésus, et comme Vous
m'avez appris à le faire par vos propres
souffrances. Et je Vous promets aussi,
avec Votre grâce, que je ne chercherai
jamais à m'élever, à occuper le premier
rang, que je ne rechercherai jamais aucune
des grandeurs du monde, que je ne me
préférerai jamais aux autres.

Donnez-moi cette vie conforme à mes
propres besoins, qui, pour nous tous, se
renferme en Celui qui est la vie des
hommes. Apprenez-moi et aidez-moi à
vivre la vie des saints et des anges. Arra-
chez-moi à la langueur, à l'irritation, à
l'excessive sensibilité, à l'impuissance, à
l'anarchie dans lesquelles demeure mon
âme, et remplissez-la de Votre plénitude.
Soufflez sur moi, afin que mes os morts
vivent à nouveau. Soufflez sur moi, avec
ce Souffle qui infuse l'énergie et ranime la
ferveur. En demandant la ferveur, je demande tout ce dont j'ai besoin et tout ce
que Vous pouvez donner, car c'est le cou-

ronnement de tous les dons et de toutes les vertus. Elle ne peut exister réellement et pleinement que là où sont tous ces dons et toutes ces vertus. C'est leur beauté et leur gloire, comme c'est aussi leur continuelle sauvegarde et purification. En demandant la ferveur, je demande la force effective, la constance et la persévérance; je demande la mort de tout motif humain et la simplicité d'intention dans le désir de vous plaire; je demande la foi, l'espérance et la charité, dans leur manifestation la plus céleste. En demandant la ferveur, je demande à être délivré de la crainte des hommes et du désir de leur louange; je demande le don de prière, car la prière sera alors si douce; je demande cette loyale perception du devoir à laquelle conduit l'émotion d'un cœur aimant; je demande, tout à la fois, la sainteté, la paix et la joie. En demandant la ferveur, je demande la splendeur des chérubins, et le feu des séraphins, et la blancheur de tous les saints. En demandant la ferveur, je demande le don qui

contient tous les autres et qui est précisément celui qui me manque. Rien ne serait
un trouble ou une difficulté pour moi, si
j'avais seulement la ferveur de l'âme.

Seigneur, en demandant la ferveur, c'est
Vous-même que je demande, rien d'autre
que Vous, ô mon Dieu, qui Vous êtes donné
entièrement à nous. Entrez dans mon cœur
substantiellement et personnellement, et
remplissez-le de ferveur, en le remplissant
de Vous. Vous seul pouvez remplir le cœur
de l'homme, et Vous avez promis de le faire.
Vous êtes la flamme vivante qui brûle éter-
nellement de l'amour de l'homme ; entrez
en moi et mettez-moi en feu, suivant Votre
modèle et à Votre ressemblance.

Comment pourrais-je rester loin de
Vous? Car, Vous qui êtes la Lumière des
anges, Vous êtes la seule Lumière de mon
âme. Vous éclairez tout homme qui vient
en ce monde. Sans Vous, je suis dans les
ténèbres, dans des ténèbres aussi pro-
fondes que l'enfer. Je languis et je me des-
sèche, lorsque Vous êtes loin. Je revis seu-

lement dans la mesure où Votre aube se
lève sur moi. Vous venez et Vous Vous en
allez, suivant Votre bon plaisir. O mon
Dieu! je ne peux pas Vous garder, je peux
seulement Vous prier de rester : *Mane nobiscum, Domine, quoniam advesperascit.*
Restez jusqu'au matin, et alors ne Vous en
allez pas sans me donner une bénédiction. Restez avec moi, dans cette sombre
vallée, jusqu'à la mort, alors que finira
l'obscurité. Restez, ô Lumière de mon
âme, *jam advesperascit!* L'obscurité, qui
n'est pas Vôtre, tombe sur moi. Je ne suis
rien. J'ai peu d'empire sur moi. Je ne peux
pas faire ce que je voudrais. Je suis triste
et désolé. J'ai besoin de quelque chose et
je ne sais pas de quoi. C'est Vous dont j'ai
besoin, quoique je le comprenne si peu. Je
le dis et je le prends en esprit de foi. Je le
comprends en partie, mais bien pauvrement. Brillez sur moi, *O Ignis semper
ardens et nunquam deficiens!* « O feu qui
toujours brûle et qui ne s'éteint jamais »,
et je commencerai, par et dans Votre Lu-

mière, à voir la Lumière et à Vous reconnaître vraiment comme la Source de Lumière. *Mane nobiscum;* demeurez, doux
Jésus, demeurez à jamais. Dans ce déclin
de la nature, donnez-nous plus de grâce (1).

Je ne m'excuse pas d'avoir prolongé
cette citation que nul n'aura pu lire sans
une émotion profonde. De tels accents
égalent ce qu'on trouve dans les prières
de quelques grands saints. Là était le
vrai fond de Newman. Si parfois on a pu
juger un peu humaines les plaintes que
lui arrachaient certains mécomptes, on
voit maintenant ce que, derrière ces ma-
nifestations momentanées d'une sensibilité très aiguë, il y avait d'aspirations
surnaturelles, de volonté de tout tourner
vers Dieu et de s'abandonner à lui; on
sent quel ardent foyer de piété brûlait en
cette âme.

(1) T. II, p. 367, 368.

VIII

NEWMAN ET L'INFAILLIBILITÉ DU PAPE

1868-1878.

Dans les années qui précédèrent le concile du Vatican, le monde catholique fut fort agité par les controverses sur l'infaillibilité du Pape. Je n'ai nulle envie de les réveiller. L'Église a prononcé, et il n'y a plus de question pour les catholiques. Une seule chose m'importe : marquer exactement quelle fut l'attitude de Newman.

Entre ceux qu'une appréciation trop sommaire rassemble dans le camp opposé aux infaillibilistes, une distinction est à faire. Plusieurs, comme Döllinger en Allemagne ou Acton en Angleterre, ont combattu la doctrine même qui devait triompher au concile : de ces hommes, les uns, après avoir usé du droit qui leur appartenait tant que l'Église n'avait pas prononcé, se sont soumis ; les autres sont tombés dans la révolte. Très différents sont ceux qui, tout en ne s'associant pas à la campagne des infaillibilistes, n'ont cependant jamais soutenu une doctrine contraire à celle qui devait être définie ; après le concile, Mgr Fessler, secrétaire de l'auguste assemblée, publiera, avec l'approbation du Saint-Siège, un livre intitulé : *La vraie et la fausse infaillibilité;* or c'est seulement contre cette « fausse infaillibilité », préconisée par de bruyants polémistes, que se sont élevés les hommes dont je parle. Newman était du nombre.

Il n'avait pas, *a priori,* d'objection contre la thèse de l'infaillibilité. Dans une lettre écrite le 21 juillet 1867, tout en déclarant que, « pour ce qui le touchait, il n'avait jamais pris grand intérêt à la question », il professait « croire » sur ce sujet « tout ce que l'Église enseigne comme la voix de Dieu » ; il ajoutait qu'il « avait seulement l'opinion, non la foi que le Pape est infaillible », opinion fondée sur tout « un enchaînement d'arguments (1) ». C'est ce qu'il répétait, dans une autre lettre du 21 juin 1868 : « Je soutiens l'infaillibilité du Pape, non comme un dogme, mais comme une opinion théologique, c'est-à-dire, non comme une certitude, mais comme une probabilité (2). « Rien donc ne faisait présager en lui un adversaire de l'infaillibilité. Mais, quand il vit quelques théologiens, ou le plus souvent de sim-

(1) T. II, p. 234, 235.
(2) *Ibid.*, p. 236.

ples journalistes, soutenir une infaillibilité qui se serait étendue à peu près à
toutes les paroles du Pape, quand il les
vit même ne presque plus la distinguer
de l'inspiration et de l'impeccabilité, et
en venir à transformer les prières litur-
giques pour appliquer au Pape ce qui est
dit de Dieu, quand il les entendit prétendre que ces doctrines devaient être
adoptées dans le concile, sans débat et
par « acclamation », il fut tout de suite
frappé et troublé du danger que ces
exagérations faisaient courir à la cause
catholique. Préoccupé du crédit de la
religion dans le monde intellectuel, il
s'inquiétait de voir présenter, comme
vérités de foi, des idées peu conciliables
avec certains faits de l'histoire des papes ;
préoccupé aussi des âmes en travail dont
il pénétrait le secret avec une clair-
voyance sympathiqne, il redoutait ce qui

pouvait accroître le trouble des unes ou
arrêter les autres sur le chemin qui les
ramenait à la vérité. Dans cette sollicitude, bien plus que dans des objections
théoriques, doit être cherchée l'explication de sa conduite. « Ma raison pour
mettre obstacle à de telles extravagances,
écrivait-il, est la charité envers nombre
de personnes, principalement laïques,
qu'une telle doctrine précipiterait dans
la même direction qu'Arnold. » (Ce dernier était un converti qui venait de se
détacher du catholicisme.) (1) Il ajoutait, dans une autre lettre, qu'il était
extrêmement « ému » de l'état de « beaucoup de convertis ou d'hommes en voie
de se rapprocher de l'Église » pour les-

(1) Thomas Arnold, fils du Dr Arnold, le fameux
pédagogue, frère de Mathieu Arnold, le poète, père
de Mme Humphry Ward, la romancière, devait plus
tard revenir au catholicisme.

quels ces exagérations seraient un « grave
scandale ». Et il se demandait avec
tristesse « s'il était donc ordonné d'en
haut que, de nos jours, la sainte Église
se présentât aux Anglais sous l'aspect qui
serait le plus conforme à leurs vieux préjugés et qui les découragerait le plus de
se convertir (1) ». Il lui semblait d'ailleurs insupportable que de simples écrivains prétendissent imposer, comme
vérités de foi, leurs vues particulières,
et accuser de déloyauté envers le Saint-
Siège et d'infidélité au catholicisme,
ceux qui ne les acceptaient pas; ainsi
reprochait-il hautement à l'un d'eux,
W. G. Ward, de « vouloir faire une
Église dans l'Église » et de « diviser le
Corps du Christ, en exaltant ses opinions
comme un dogme ». « Je proteste, ajou-

(1) T. Ier, p. 14; t. II, p. 84 et 85.

tait-il, je proteste, non contre vos doctrines, mais contre ce que je puis appeler votre esprit schismatique (1). »

Sous l'empire de cette émotion, l'éven-
tualité d'une définition de l'infaillibilité
lui paraît présenter des dangers qu'il
n'apercevait pas d'abord. « Quant à l'infaillibilité du Pape, avait-il écrit à Pusey
le 17 novembre 1865, je ne vois rien
contre, ni rien à en craindre, car je suis
sûr qu'elle doit être limitée pratiquement, de telle sorte que cela laissera les
choses comme elles sont (2). » Mais plus
tard, dans l'état d'esprit créé par les
polémiques, il redoute qu'une définition,
si sage soit-elle en elle-même, n'appa-
raisse à l'opinion comme le triomphe des
esprits extrêmes et la confirmation de
leurs thèses. Aussi, en arrive-t-il à dési-

(1) T. II, p. 233.
(2) *Ibid.*, p. 101.

rer qu'au moins pour le moment, toute définition soit ajournée. « Si c'est la volonté de Dieu, écrit-il le 29 mars 1870 à un évêque irlandais, que quelque définition de l'infaillibilité soit adoptée, alors je me soumettrai, mais, jusqu'à ce moment, je prierai, de tout mon cœur et avec la plus grande ferveur, pour qu'elle soit écartée. » De même, dans une autre lettre de cette époque, à M. de Lisle : « Quand ce sera fait, je l'accepterai comme l'acte de Dieu. Mais, jusque-là, je croirai que c'est impossible (1). »

Si occupé qu'il soit de ces questions, Newman ne veut pas se jeter dans la controverse publique ; il se ferait scrupule de contribuer à l'excitation des esprits et au trouble des consciences. Il s'est borné à encourager, en 1867, un

(1) T. II, p. 289 et 293.

de ses jeunes compagnons et son futur successeur, le P. Ryder, à écrire une critique sérieuse et mesurée des opinions excessives de W. G. Ward, et, en 1868, il s'intéresse également à l'étude d'un laïque, M. P. Le Page Renouf, sur le cas du pape Honorius. Plus approche le concile, plus il est ému. Il voudrait tout au moins qu'on procédât plus lentement, qu'on donnât du temps. « Que puis-je, écrit-il à son ami, le jésuite Coleridge, sinon crier, faire des gestes violents, comme vous feriez vous-même, si vous voyiez un train de chemin de fer sur le point d'écraser quelque malheureux ouvrier. Ma première et ma dernière pensée, sur le concile, est : « Vous « allez trop vite, vous allez trop vite (1) ! » A défaut de publications, il multiplie ses

(1) T. II, p. 282.

lettres privées, soit pour raffermir des consciences troublées, soit pour représenter aux évêques, dont il a la confiance, le danger qu'à son avis on fait courir à l'Église. Dans ces communications tout intimes, il croit pouvoir épancher librement les sentiments de son cœur. Ainsi fait-il, un jour où il est particulièrement ému, dans une lettre à son évêque, Mgr Ullathorne, qui est personnellement infaillibiliste, mais dont l'affection lui permet une entière liberté de langage; il y qualifie certains infaillibilistes d'« agressive et insolente faction (1) ». Par une indiscrétion inexpliquée, la lettre tombe aux mains d'un journal qui la publie. Les *extremists* affectent de voir un manifeste de révolte, dans ce qui n'était

(1) J'ai cité la lettre entière, dans *la Renaissance catholique en Angleterre au XIXe siècle*, IIIe partie, p. 124 et   .

que l'alarme d'un prêtre, s'ouvrant se-
crètement à son évêque. Newman est
désolé d'une publicité qui donne à sa
lettre une portée absolument contraire à
ses intentions. La phrase sur « l'insolente faction » était si peu préméditée,
qu'il ne se rappelait même pas l'avoir
écrite, et qu'au premier moment, en la
voyant imprimée, il la démentit; il dut
se reporter au texte pour reconnaître
qu'elle lui avait en effet échappé, dans
un instant de très vive indignation (1).
Il affirma d'ailleurs n'avoir jamais voulu
faire allusion par là « au grand corps
des évêques que l'on disait être favorables à la définition, ni à aucun ordre
ou société ecclésiastiques (2) ». Ne con-
vient-il pas, en outre, de rappeler qu'à
cette époque l'agitation était extrême

(1) T. II, p. 289, 290.
(2) *Ibid.*, p. 291.

partout et que, si les « pensées de plusieurs venaient à être révélées » par la publication des correspondances d'alors, on retrouverait les mêmes vivacités de langage dans tous les camps? Après tout, n'en a-t-il pas été ainsi de tous les conciles? Loin de s'en scandaliser, il convient d'y voir d'abord quel ardent intérêt la conscience chrétienne prend aux choses de l'Église, ensuite quelle autorité extraordinaire possède cette Église, pour que « le vent et la mer s'apaisent », dès que le Maître se dresse dans la barque et commande aux éléments soulevés.

Une fois la décision prise par le concile, il ne peut être question pour Newman, étant donnés les principes qui ont réglé toute sa vie, d'autre chose que d'une entière soumission. Au premier moment, toutefois, le coup lui est assez rude. Ne connaissant pas encore exacte-

ment le texte du décret, il craint que ce
ne soit, ou tout au moins que ce ne
paraisse être, la confirmation des exagérations professées par les plus bruyants
des infaillibilistes. Mais bientôt, mieux
informé et plus remis des émotions de la
controverse, il se déclare satisfait des
termes du décret. « J'ai vu hier la nouvelle définition, écrit-il à un ami, et je
suis content de sa modération, en ad-
mettant du moins qu'il fallût définir
cette doctrine (1). » Sa satisfaction est
plus complète encore, quand est publié,
sous le patronage du Pape, le livre de
Mgr Fessler et qu'il y trouve des vues
encore plus modérées que celles qu'il a
approuvées dans l'écrit du P. Ryder.

Toujours fidèle à sa sollicitude pour
les âmes, il explique à ceux qui le con-

(1) T. II, p. 307.

sultent la vraie portée 'de la définition,
il tâche d'affermir les ébranlés comme
Acton, il prêche la soumission aux ré-
voltés comme Döllinger et le P. Hya-
cynthe. « L'Église, écrit-il à ce dernier,
est la mère des grands et des petits, des
gouvernants aussi bien que des gouver-
nés. *Securus judicat orbis terrarum.* Si elle
déclare, par ses voix diverses, que le
Pape est infaillible en certaines matières,
en ces matières il est infaillible. Ce que
les évêques et le peuple disent par toute
la terre, est la vérité, quelque sujet de
plainte que nous puissions avoir contre
certains procédés ecclésiastiques. Ne
nous mettons pas en opposition avec la
voix universelle (1). »

Newman, soumis, n'en faisait pas
moins, aux yeux du grand public catho-

_____

(1) T. II, p. 376.,

lique, figure d'une sorte de vaincu,
réduit au silence et à l'inaction. Par moments il en souffrait. Ainsi, écrivait-il,
dans ses notes intimes, le 30 août 1874 :

J'ai un sentiment si déprimant de
n'avoir rien fait pendant ma longue vie,
et particulièrement de ne rien faire du
tout en ce moment. Les anglicans, à la
vérité, apprécient plus ce que j'ai écrit
qu'ils ne le faisaient, si j'en peux juger par
les lettres que je reçois. Quant aux catholiques, ils ne voudraient pas nier que j'aie
rendu quelques services, en amenant des
anglicans dans l'Église, et même peut-être
que j'en rends encore; mais, en ce qui regarde les grandes controverses du jour sur
la divinité du christianisme, etc.,ils pensent
que je suis *passé*, et même plutôt que j'ai
suivi une ligne défectueuse dans ces questions..., que ma ligne n'est pas ce qu'on
appelle communément la ligne catholique.
Mais alors je me dis : Qu'est-ce que
cela pour moi? Dieu y pourvoira. Il sait ce

qui est le mieux. Est-Il moins soigneux de l'Église, moins capable de la défendre que moi? Quel besoin de me tourmenter de cela? Que suis-je? Mon temps est fini. Je suis *passé*. Je puis avoir fait quelque chose dans mon temps, mais je ne puis rien faire maintenant. C'est le tour des autres. Et si les choses semblent mal faites, mon affaire est, non de critiquer, mais d'avoir foi en Dieu. Le 130ᵉ psaume est celui qui me convient. Hélas! nous ne le lisons jamais dans l'office. *Non est exaltatum cor meum, neque*, etc. *Neque ambulavi in magnis, neque in mirabilibus super me. Sicut ablactatus est super matre sua, ita retributio in anima mea.* Il me suffit de me préparer à la mort, car, selon toute apparence, rien autre ne m'attend et il n'y a pas autre chose à faire.

Et Celui qui a toujours été si merveilleusement avec moi, toute ma vie, ne me manquera pas maintenant, je le sais, bien que je ne puisse prétendre à aucun droit sur Lui. Je me sens certainement beaucoup plus faible et moins capable que je n'étais, et, que cet *adunamia* (1) doive augmenter ou non, je ne dois plus penser à la génération prochaine, mais penser à moi-même (2).

Le 14 octobre suivant, il revient sur les mêmes idées et il se livre à des calculs sur le nombre des ouvrages publiés par lui, aux diverses époques de sa vie : de 1826 à 1859, il trouve plus de trente volumes, et, dans les quinze dernières années, seulement trois ou quatre, bien que, dit-il, sa puissance d'écrire ne fût pas diminuée. « C'est là, ajoute-t-il, une pensée pénible. » Puis, après avoir constaté que la cause de son silence, après 1859, est venue de son échec avec le *Rambler*, il continue en ces termes :

Une autre raison était mon habitude — ou même ma nature — qui faisait que je

(1) Mot grec qui veut dire : impuissance.
(2) T. II, p. 398, 399.

n'écrivais ou ne publiais rien sans un *appel*.
Ce que j'ai écrit a été, pour la grande
partie, ce qu'on peut appeler *official*,
c'est-à-dire des œuvres faites en raison de
l'office dont j'étais chargé, ou de l'engagement que j'avais pris... L'essai sur l'*Assent*
est presque la seule exception. Je ne pouvais pas écrire sans un semblable *stimulus*.
Autrement, je mé sens hors de ma voie ou
impertinent, et je n'écris ni avec esprit
ni avec efficacité (1).

Un mois après qu'il traçait ces lignes,
à la fin de 1874, lui arrive un de ces
« appels » sans lesquels il se sent incapable de rien publier. Gladstone, jusqu'alors mieux inspiré dans les questions
qui regardaient le catholicisme, vient de
se livrer à une attaque furieuse contre ce
qu'il nomme le « Vaticanisme ». A l'entendre, depuis la décision du concile sur

(1) T. II, p. 399 à 401.

l'infaillibilité, il est impossible de concilier l'obéissance requise par le Pape avec les devoirs de l'allégeance civile; on ne peut plus être à la fois bon Anglais et bon catholique. Le retentissement du pamphlet est immense; en quelques jours, 120 000 exemplaires sont vendus. Plusieurs réponses y sont faites. Mais, ainsi qu'il est déjà arrivé toutes les fois que les catholiques ont été aux prises avec les préjugés protestants, c'est surtout de Newman qu'ils attendent le secours, et chacun a le sentiment que celui-là même auquel plusieurs reprochaient naguère de n'être pas assez chaud pour l'infaillibilité, est le mieux qualifié pour la défendre. Bien que l'âge augmente encore ses répugnances pour les polémiques, et qu'il lui en coûte autant de s'en prendre à Gladstone que naguère à Pusey, Newman ne se dérobe pas. Comme il l'écrira

peu après, il se sent tenu, envers ceux
que son exemple a conduits au catholicisme, à ne pas les laisser sur la sellette,
en butte à de telles attaques. Il publie
donc une réponse, sous forme d'une
« Lettre au duc de Norfolk ». Dans une
discussion habile, serrée, d'une grande
dignité de ton et loyauté d'accent, souvent d'une éloquence émue, parfois d'une
ironie attristée à l'égard de son contra-
dicteur, attentif à présenter les idées sous
la forme la plus intelligible à l'esprit
anglais, il venge le catholicisme d'une
indigne attaque, dégage la vraie doctrine
de l'infaillibilité des exagérations qui la
faussaient, mais ne se prive pas de montrer, à l'adresse des *extremists,* comment
leurs propres exagérations ont fourni prétexte aux attaques. Puis, dans une sorte
de *post-scriptum,* il déclare, une fois de
plus, à ses anciens coreligionnaires, que,

depuis le jour de sa conversion, il n'a jamais eu de doute sur la divinité de l'Église
catholique ; il termine par ces paroles :

Les personnes et les lieux, les incidents et les circonstances de ma vie, qui
appartiennent à mes quarante-quatre premières années, sont logés profondément
dans ma mémoire et dans mes affections;
en outre, j'ai eu plus d'épreuves et de souffrances de divers genres, comme catholique, que comme anglican ; mais jamais,
un seul instant, je n'ai désiré revenir en
arrière; jamais je n'ai cessé de remercier
mon créateur pour la miséricorde avec
laquelle il m'a rendu capable de faire le
grand changement, et jamais il ne m'a
laissé croire qu'il m'oubliait, jamais il ne
m'a laissé en détresse ou dans aucune
sorte de trouble religieux.

La « Lettre au duc de Norfolk » ob-
tient un grand succès. Les protestants
écoutent cette parole qu'ils comprennent

et qui les éclaire sans les blesser. Dans
l'autre camp, si quelques-uns de ceux
dont Newman a désavoué les exagérations sont mécontents, ils n'osent guère
le manifester, en présence de l'applau-
dissement enthousiaste et reconnaissant
des catholiques. Le cardinal Cullen loue,
dans une lettre pastorale, « l'admirable
réponse du vénérable docteur Newman ».
Celui-ci se félicite, dans ses lettres, que
des laïques, des prêtres, des religieux
« aient, d'une seule voix, donné leur
adhésion à son écrit, aussi bien dans son
ensemble que dans ses parties séparées (1) ». Il n'est pas jusqu'à Ward qui
ne parle favorablement de la « Lettre »,
et, en écrivant à Newman, il confesse
loyalement « avoir commis de graves
erreurs de jugement, soit dans ce qu'il a

(1) T. II, p. 405, 406.

dit, soit dans sa façon de le dire ». « La principale cause de ces erreurs, ajoute-t-il, m'a toujours paru être ma séparation d'avec vous. Jamais homme n'a été moins fait que moi pour le rôle de premier violon (1). » A Rome, où l'on gardait une fâcheuse impression de l'attitude de Newman avant le concile, Pie IX reconnaît qu'en dépit de certains passages critiquables, son dernier écrit « a fait du bien » et qu'il « a dissipé complètement l'idée qu'on s'était faite de l'opposition de son auteur au Pape (2) ».

Après cette retentissante incursion sur le champ de la controverse publique, Newman rentre dans sa vie de silence et de piété. Trois années se passent pendant lesquelles il s'occupe à reviser les an-

(1) *W. G. Ward and the Catholic Revival*, par Wilfrid WARD, p. 270 à 274.
(2) *Life of Manning*, par PURCELL, t. II, p. 486.

ciens écrits de sa période anglicane. Ses
compagnons de l'Oratoire le trouvaient
alors triste et abattu. La mort, comme il
arrive aux vieillards, frappe autour de lui
ceux qu'il aime ; ainsi lui enlève-t-elle le
P. Saint-John, à la fidèle et tendre amitié duquel il avait rendu un public et si
touchant hommage à la fin de l'*Apologia*.
« C'est la plus grande affliction que j'aie
eue dans ma vie », écrit-il à une amie.
A un autre : « C'est comme une blessure ouverte qui, chez un vieillard, ne
peut se cicatriser. » Et encore : « Depuis
le premier jour, il m'a aimé avec une intensité d'amour dont on ne peut se faire
une idée. A Rome, il y a vingt-huit ans,
il était toujours si occupé à me soulager
de tout trouble…, que les Romains l'appelaient mon ange gardien. Au milieu
du monde, seul, j'existais pour lui. Cet
amour n'a pas eu une intermittence d'une

heure jusqu'à son dernier souffle (1). »

Sous le coup de ces chagrins, Newman se reprend parfois à ruminer, dans son journal intime, le désappointement de sa vie catholique et la façon dont les autorités religieuses ont méconnu ses services. « J'ai, du premier jour, écrit-il, prévu que je n'aurais aucune récompense séculière pour mes écrits. » Il reconnaît cependant que, dans une certaine mesure, la miséricorde de Dieu a fait mentir cette prévision, en laissant arriver jusqu'à lui, pour tout ce qu'il a écrit, « tant de témoignages de reconnaissance et de sympathie qui, dit-il, dépassent de beaucoup ses mérites » . Puis, après avoir jeté les yeux sur le journal où il a souvent épanché ses tristesses, il écrit :

Je suis mécontent de l'ensemble de ce livre. C'est plus ou moins une complainte

(1) T. II, p. 410 à 412.

d'un bout à l'autre. Mais il représente ce qu'a été réellement mon état d'esprit et ce qu'a été ma croix.

O combien légère cette croix, quand on réfléchit à ce que sont les croix des autres! Et pensez à la compensation, compensation même dans ce monde. Il est vrai, mes services n'ont pas été reconnus en haut lieu. Mais quelles chaudes et bonnes lettres j'ai reçues de particuliers, et combien nombreuses! Et que de publics témoignages de reconnaissance! Combien je suis ou je serais ingrat, si ces lettres et ces témoignages ne suffisaient pas à me contenter (1)!

(1) T. II, p. 433 à 435. — Déjà, quelques années auparavant, Newman avait eu une impression analogue, en relisant son journal : « Combien il est déplaisant de relire d'anciennes notes! écrivait-il alors. On les trouve affectées, irréelles, égoïstes, mesquines... Il y a beaucoup de pages, dans ce qui précède, que je déchirerais et brûlerais, si je suivais mon désir. On écrit d'après l'humeur du moment... Je serais bien surpris, si je ne brûlais pas tout au moment de mourir. Peut-être cependant le laisserai-je, pour ce que cela peut contenir de bon. » (T. II, p. 278.)

Ces lignes marquent la fin du journal ;
Newman n'y écrira plus ; il ajoutera seulement, quelques années plus tard, au
bas de cette dernière page, 'ces [mots :
« Après avoir écrit ce qui est plus haut,
j'ai été fait cardinal (1) ! »

Au milieu des chagrins présents et des
souvenirs attristants qui assombrissent
Newman, quelques rayons de joie lui
viennent de ses anciens coreligionnaires.
Gladstone, son adversaire d'hier, parle
de lui, dans un discours public, en
termes extraordinairement élogieux. Son
ancien collège d'Oxford, *Trinity College*,
le nomme *fellow* honoraire ; il accepte,
après autorisation de son évêque ; sur
l'invitation qui lui est adressée, il rend
visite à ceux qui lui ont donné ce témoignage d'estime, et est très affectueuse-

(1) T. II, p. 435.

ment accueilli par tous, heureux et ému
de revoir les vieilles chambres où il a
passé plusieurs années de sa jeunesse.
On lui annonce une démonstration analogue de la part d'*Oriel College*. Tout
cela lui est doux, mais ne vient que de
ceux qu'il a quittés. Ne viendra-t-il rien
de ceux auxquels il était allé, au prix
de si douloureux sacrifices? Patience!
L'heure de la réparation va sonner.

IX

LE CARDINALAT ET LES DERNIÈRES ANNÉES

1878-1890.

Dans la « Lettre au duc de Norfolk »,
parlant de la façon dont le pape Léon le
Grand avait redressé les interprétations
excessives qui faussaient les définitions
du concile d'Éphèse, Newman faisait
allusion aux exagérations qui s'étaient
aussi produites à l'occasion du concile
du Vatican ; si le besoin s'en fait sentir,
ajoutait-il, « un autre Léon nous sera
donné. *In monte Dominus videbit* ». Trois
ans après, en février 1878, cet « autre
Léon », treizième du nom, montait sur
le trône pontifical.

On sait comment, sur une démarche
faite par les principaux catholiques d'Angleterre, le nouveau pontife, moins d'un
an après son élévation, nomma Newman
cardinal, indiquant expressément qu'il
entendait ainsi récompenser « les services signalés rendus par lui, depuis de
longues années, à la religion » ; on
sait avec quelle émotion reconnaissante
Newman accepta une distinction qui,
disait-il, « écartait à tout jamais le
nuage » dont il était depuis si longtemps
enveloppé ; on sait l'accueil enthousiaste
fait en Angleterre à la décision du Pape,
aussi bien par les protestants que par les
catholiques, les adresses de félicitations
venues de toutes parts, cette ovation se
prolongeant pendant plusieurs mois, et
ensuite l'homme qui avait, durant sa vie,
traversé tant de crises, affronté tant de
contradictions, rencontré tant d'hosti-

lités, passant ses dernières années, en paix avec lui-même et avec les autres, universellement aimé, honoré, vénéré. Après avoir dû m'étendre sur la période. assombrie de cette vie, j'eusse aimé à m'arrêter sur la période lumineuse, mais, pour cette fin, M. Wilfrid Ward ne nous apporte à peu près rien que nous ne connaissions déjà. Il n'a plus eu d'emprunts à faire au journal qui avait été le confident des heures chagrines et sur lequel Newman, cardinal, a cessé d'écrire. Je ne puis donc que renvoyer au récit que j'ai fait ailleurs des événements de cette époque (1), et je me bornerai à recueillir, dans le livre de M. Ward, quelques documents nouveaux.

Telle est tout d'abord une longue note dans laquelle le duc de Norfolk, princi-

(1) Voir *la Renaissance catholique en Angleterre, au dix-neuvième siècle*, IIIe partie, p. 227 à 292.

pal promoteur de l'élévation de Newman au cardinalat, expose les motifs qui l'ont déterminé et ceux qu'il a fait valoir auprès du Saint-Père :

Je fut poussé par le sentiment que la longue vie de Newman et son labeur merveilleusement fécond pour la religion méritaient la plus haute marque de reconnaissance que pût lui donner le Saint-Siège. Je le sentais d'autant plus profondément, que je savais tout ce qui avait obscurci le caractère de son travail et ses résultats. Je savais que c'était, pour lui, une intense douleur que sa personne et son œuvre ne fussent pas comprises chez ceux dont il s'était fait lui-même le champion. Mais la principale raison qui me faisait agir était d'un caractère plus général. A mon avis, aucun catholique n'a été écouté par ceux qui ne sont pas catholiques, avec autant d'attention, de respect, et, dans une large mesure, de sympathie, que l'a été Newman. Pendant que beaucoup étaient attirés par lui à voir et à accepter la vérité, je me rendais bien compte du fait qui limitait très malheureusement le plein résultat de ses travaux : c'était l'idée, répandue par une certaine école de gens bien intentionnés, qu'il n'exprimait pas réellement l'esprit de l'Église, ou ne présentait pas les croyances que les enfants de cette Église doivent accepter. Il m'apparaissait donc que les mêmes causes qui éloignaient de lui la pleine et publique approbation du Saint-Siège, l'empêchaient d'être aussi utile qu'il eût pu l'être à ses concitoyens. Eux, de leur côté, admiraient sans doute les arguments et l'exemple de Newman, et en concluaient quelle grande, belle et divinement doctrinale pouvait être l'institution de l'Église catholique ; mais ils ne se croyaient pas tenus d'obéir à cette Église, parce que, de l'opinion exprimée par beaucoup de catholiques sur Newman, il résultait que l'Église catholique n'était pas réellement ce qu'il disait. Il me semblait donc que, pour une cause à la fois de justice et de vérité, il était de la plus haute importance que l'Église mît son sceau sur l'œuvre de Newman.

Le duc rapporte ensuite comment, se trouvant alors accidentellement à Rome, il fut le premier à parler de la question à Léon XIII :

Je pris soin d'exposer au Pape qu'il y avait en Angleterre une fraction de l'opinion qui ne serait pas en sympathie avec ma suggestion. Je le fis, non seulement parce que c'eût été mal à moi de laisser croire au Pape que chacun pensait comme moi, mais aussi parce que je désirais ardemment que, si Newman était créé cardinal, il le fût après un très complet examen et une très soigneuse enquête du Saint-Siège, et qu'il fût ainsi établi que ce n'était pas une faveur accordée par complaisance à ceux qui la demandaient, mais que c'était un acte solennel, expression d'un jugement mûrement délibéré.

Je serais fâché qu'on me soupçonnât de censurer ceux qui considéraient avec doute ou suspicion une grande partie de ce que Newman a écrit, et qui considéraient son élévation au cardinalat comme une sanction dangereuse donnée à un enseignement funeste. Parmi ceux qui avaient cette opinion se trouvaient des hommes capables et saints, et, sur quelques points, en quelques occasions, je me suis senti en grande sympathie avec eux. Mais ils me semblaient laisser des points de détail l'emporter, dans la balance, sur le fait considérable de toute l'œuvre accomplie par Newman. Ils ne savaient pas voir que personne n'était aussi capable que Newman de présenter la vérité catholique à l'intelligence de ses compatriotes, parce que, entre autres raisons, il leur avait montré qu'il comprenait, comme ne l'avait fait aucun autre écrivain catholique, les difficultés qui les mettaient en peine. Je pensais aussi qu'ils oubliaient que des centaines de convertis avaient été amenés à l'Église par

une correspondance privée avec Newman,
et que, pour eux, ce serait une indicible
consolation et un redoublement de force,
de le voir recevoir la plus haute distinction qui pût lui être conférée. Beaucoup
aussi de ceux qui étaient anxieux de voir
répandre ce qu'ils appelaient les vues
ultramontaines, semblaient oublier qu'ils
ne pouvaient s'adresser à personne mieux
qu'à Newman, pour rendre un haut et
ferme témoignage à l'auguste majesté du
Saint-Siège, à la confiance et à la fidélité
que le Pape a le droit de réclamer de
nous. Il a été encore quelquefois prétendu
que, chez Newman, les qualités intellectuelles tendaient à voiler la simplicité de la
foi catholique. Mais il serait, en vérité,
difficile de recueillir, d'un autre écrivain,
des conceptions aussi sublimes sur la dévotion envers la Mère de Dieu ou sur notre
parenté avec les saints ; et, dans tout ceci,
les hautes vues intellectuelles se mêlent à
une tendresse d'enfant. Je sens très forte-
ment que l'acte du Saint-Siège, en créant

Newman cardinal, mettait en lumière ce grand côté de son caractère, ce grand et durable enseignement de sa vie, et qu'ainsi notre pays recevait un nouveau gage de l'invariable amour de Rome (1).

Il peut aussi être intéressant de citer quelques-unes des lettres dans lesquelles Newman exprime sa joie si vive, joie qui vient non de la satisfaction d'amour-propre que peut lui causer sa nouvelle dignité, mais de la justification qui en résulte pour son passé. A Puzey qui, sur un faux bruit, le croyait disposé à refuser le chapeau, il répond :

Voici trente ans que des hommes de toutes nuances disent que je ne suis pas un bon catholique. Cela m'a causé un trouble immense, beaucoup de mortification et une grande perte de temps. On s'en est servi

(1) T. II, p. 436 à 438.

comme d'un argument pour retenir des hommes loin de l'Église. Quelques-uns ont dit : « Voyez, les siens n'ont pas confiance en lui ; le Pape le rabroue. » Quand, après cette période de pénitence, après cette longue épreuve de patience et de résignation, arrive cette offre, dites-moi, ne 'la prendriez-vous pas comme un 'appel de Dieu, une invitation à ne pas repousser cette grande miséricorde, qui, étant donné ce qu'implique un chapeau de cardinal, effacera complètement ce stigmate (1) ?

Mêmes idées dans une lettre à son ami Church :

Hæc mutatio dexteræ Excelsi! Toutes les histoires qui ont couru sur ce que je n'étais qu'à moitié catholique, un catholique libéral, sous un nuage, en qui on ne pouvait avoir confiance, toutes ces histoires ont pris fin...

Une bonne Providence m'avait donné

(1) T. II, p, 445.

l'occasion de me laver des premières calomnies dans mon *Apologia*, et je n'ai pas
voulu la refuser. Maintenant, Elle m'a
donné le moyen, sans aucun travail de ma
part, de me laver des autres calomnies
dirigées contre moi; comment pouvais-je
négliger une bonté si grande et si aimante?

Je me suis toujours efforcé d'abandonner ma cause entre les mains de Dieu et
d'être patient, et Il ne m'a pas oublié (1).

Au P. Gérard, jésuite, il écrit : « Naturellement, je ne puis espérer vivre longtemps encore. Mais c'est, par la bonne
Providence de Dieu, une fin admirable
de ma vie. J'ai vécu assez pour voir une
grande merveille (2). » L'un des compagnons de Newman, le P. Neville, vou-
lant donner une idée de ce qu'était alors
son état d'esprit, a dit qu'il sentait,
« comme si le ciel se fût ouvert et que

(1) T. II, p. 452.
(2) *Ibid.*, p. 452.

la voix divine eût proclamé l'approbation de son œuvre devant le monde entier (1) ».

Trop vieux pour jouer un rôle actif, Newman veut cependant user du crédit que lui donne sa situation de cardinal, pour faire prévaloir ses vues sur la nécessité de combattre l'infidélité grandissante par des arguments pouvant avoir effet sur le monde intellectuel. Il se préoccupe des difficultés soulevées par la critique biblique sur les Écritures et par la critique historique sur les premiers temps du christianisme. Il rédige des *memoranda* et publie même deux articles de revue sur ces questions. Il insiste pour que des théologiens compétents étudient ces problèmes à fond et avec la liberté nécessaire. Son rêve serait de voir instituer, dans ce dessein, de grandes

(1) T. II, p. 439

commissions auprès du Saint-Siège. Plein
de confiance dans la sagesse et la largeur
de vues de Léon XIII, il caresse le projet, que son âge ne lui permettra pas de
réaliser, de se rendre une dernière fois
à Rome, pour conférer de ces sujets avec
le Pape et avec ses collègues du Sacré
Collège (1). En ce qui touche la question d'Oxford, il croit le moment favorable pour agir sur la jeunesse universitaire, « troupeau sans pasteur, sceptique
ou chercheuse, mais ouverte aux in-
fluences religieuses ». Il estime qu'il est
bien temps de renoncer, sur ce sujet, à
ce qu'il appelle la tactique du « nihi-
lisme » ; son désir serait que, pour commencer, le Pape envoyât en Angleterre
un laïque de confiance qui y fît une enquête approfondie (2). Léon XIII, si dis-

(1) T. II, p. 473 à 477.
(2) *Ibid.*, p. 486, 487.

posé qu'il soit à écouter Newman sur les
choses d'Angleterre, attendra cependant
la disparition de Manning pour renver-
ser ce qui avait été fait et pour ouvrir
aux catholiques les portes des universités. Les idées de Newman, sur ce point,
ne triompheront, qu'après sa mort.

En même temps, le cardinal continue,
avec une autorité encore grandie, son
action individuelle sur les âmes, souvent
inaperçue, mais merveilleusement effi-
cace et bienfaisante. On se ferait diffici-
lement une idée du prestige dont il est
alors environné aux yeux de ses compatriotes. A tous ceux, catholiques et
même protestants, qui l'approchent, non
sans une sorte d'émotion religieuse, la
figure pâle et radieuse du vieillard, avec
ses traits affinés et comme spiritualisés,
paraît illuminée d'une sorte d'auréole.
En sortant d'une des dernières visites

qu'il lui fit, Mgr Ullathorne s'écriait :
« Il y a un saint chez cet homme (1). »
Des torts qu'on a pu avoir naguère envers
lui, Newman ne veut plus entendre parler. « Vous ne devez pas croire, dit-il,
que ces petites affaires seront sur le ta-
pis, devant les cours de l'autre monde. »
Mais quelqu'un vient-il encore insinuer,
en 1886, qu'il « a été désappointé dans
l'Église de Rome » , il prend la plume que
ses vieux doigts ont peine à tenir, pour
protester « qu'il n'a jamais eu l'ombre
d'un désappointement » . L'année sui-
vante, répondant à un autre protestant :
« Je ne clorai pas cette correspondance
sans témoigner de mon entier amour
pour l'Église catholique et de mon adhésion à ses enseignements (2). »

Enfin, le 11 août 1890, âgé de quatre-

(1) *Letters of Archb. Ullathorne*, p. 512.
(2) T. II, p. 526, 527.

vingt-dix ans, entouré d'une admiration et d'une vénération universelles, il
s'éteint pieusement. Depuis lors, sa gloire
et son action ne se sont pas affaiblies;
elles ont plutôt grandi. Le livre de
M. Wilfrid Ward, en faisant pénétrer
plus avant dans cette âme aux jours
d'épreuves, en ne laissant rien dans
l'ombre des mouvements qui l'ont agitée,
en la montrant avec ses troubles, ses tristesses et, si l'on veut, ses faiblesses, mais
aussi avec la hauteur de ses vues et sa
généreuse fidélité, n'a pas diminué cette
grande figure. Celle-ci nous apparaît plus
émouvante, plus humaine, plus proche
de nous, sans être au fond moins belle et
moins pure. Nous l'aimons davantage,
sans la moins admirer.

FIN

A LA MÊME LIBRAIRIE

PARIS. TYP. PLON-NOURRIT ET Cⁱᵉ, 8, RUE GARANCIÈRE. — 17072.

www.ingramcontent.com/pod-product-compliance
Lightning Source LLC
Chambersburg PA
CBHW081324090426
42737CB00017B/3025